Suhrkamp BasisBiographie 23 **John Lennon**

Leben Werk Wirkung

Peter Kemper, Dr. phil., geboren 1950, studierte Philosophie, Germanistik und Sozialwissenschaften in Marburg. Seit 1986 Leiter des »Abendstudios« im Hessischen Rund-funk, ab 2003 Leitung der täglichen hr2-Gesprächssendung »Doppel-Kopf«. Seit 1981 regelmäßige Mitarbeit im Feuilleton der *Frankfurter Allgemeinen Zeitung* als Musikkritiker für Rock, Pop und Jazz. Zahlreiche Buchveröffentlichungen zu Themen der Alltags- und Jugendkultur. Herausgeber der dreibändigen Textsammlung *Rock-Klassiker* (Stuttgart 2003). Zuletzt erschien *Der Aufstand des Ohrs – die neue Lust am Hören* (Göttingen 2006).

John Lennon

Suhrkamp BasisBiographie
von Peter Kemper

2. Auflage 2021
Suhrkamp BasisBiographie 23 Erste Auflage 2007 Originalausgabe
© Suhrkamp Verlag Frankfurt am Main 2007
Druck: Eberl & Kœsel, Krugzell · Printed in Germany
Umschlag: Hermann Michels und Regina Göllner
ISBN 978-3-518-18223-9
Die Schreibweise entspricht den Regeln der neuen Rechtschreibung, Zitate werden in ihrer ursprünglichen Rechtschreibung belassen.

Inhalt

Mythos Lennon

»Ein Idol umzulegen, ist Massenmord!« (Wondratscheck 1980, S. 166), erkannte der Schriftsteller Wolf Wondratschek. Kein Wunder, dass in der Nacht des 8. Dezember 1980 Menschen in aller Welt die schockierende Ermordung John Lennons wie einen Todesfall in der eigenen Familie empfanden. Hatten seine Lieder doch bei Millionen das Gefühl erweckt, er spreche direkt zu ihnen, mit einer klaren, vertrauten Stimme. Sein Herz trug Lennon stets – für alle hörbar – auf der Zunge.

Ein bis dato unbekannter Grad an Sinnlosigkeit in der Popkultur war erreicht: Während Rockstars wie Jimi Hendrix, Janis Joplin oder Jim Morrison bisher immer an einer Überdosis Rock-'n'-Roll-Leben gestorben waren, wurde jetzt ein Hausmann und Pazifist – *Give Peace A Chance* – auf offener Straße erschossen, ohne dass irgendein Motiv für diese Tat erkennbar gewesen wäre. Es war ein terroristischer Akt gegen jede Vernunfterklärung, unfassbar, in seiner Brutalität völlig widersinnig – von einem wahnsinnigen Einzelgänger verübt. Noch heute schockiert die geheimnislose Banalität dieses Mordes an einem Visionär und Kämpfer. Denn John Lennon verkörperte in seiner Widersprüchlichkeit die Irrungen und Wirrungen, aber auch die Utopien und Träume einer ganzen Ära. Er war die Ikone der Love & Peace-Generation. Er hatte ihr mit seinen Liedern einen Soundtrack der Selbstermutigung, aber auch der eigenen Zerbrechlichkeit geliefert. Zudem war Lennon in den siebziger Jahren mehr und mehr zu einem politischen Rockstar gereift – »role model« für spätere Musikaktivisten wie Bob Geldof oder Bono.

Am 8. Dezember 1980 verlassen John Lennon und Yoko Ono ihre New Yorker Wohnung im Dakota-Building am Central Park gegen 17.00 Uhr, um in einem Aufnahmestudio in der 44. Straße die neue Ono-Single *Walking On Thin Ice* abzumischen. Vor dem Haus lässt sich ein junger, etwas dicklicher, bebrillter Mann namens Mark Chapman noch schnell das Plattencover von *Double Fantasy* signieren, dem ersten Album Lennons seit fünf Jahren, das erst wenige Wochen zuvor erschienen ist. Ein Amateurfotograf hält die Szene mit dem Autogramm-Jäger zufällig fest. Gegen 23.00 Uhr kehren die Lennons zum Dakota-Gebäude zurück. Als John aus der Limousine steigt, hört er jemanden seinen Namen rufen, wie das so oft passiert, wenn sich der Ex-Beatle in der Öffentlichkeit blicken lässt. Doch diesmal folgen fünf Schüsse, abgegeben von Mark Chapman, der vor dem Haus gewartet hat und Lennon zweimal in den Rücken und zweimal in die Schulter trifft, der letzte Schuss verfehlt ihn. John Lennon schleppt sich gerade noch die sechs Stufen zur Eingangstür der gotischen Trutzburg bis zur Loge des Portiers, bevor er stark blutend zusammenbricht. »I'm shot!«, flüstert Lennon. Der Türwächter rennt auf die Straße und sieht, dass der Schütze die Waffe inzwischen fallengelassen und zur Seite gekickt hat. Hastig deckt der Portier John mit seiner Jacke zu und beginnt um Hilfe zu schreien. Er wendet sich an den unbeteiligt wirkenden Mörder und fragt ihn: »Weißt du, was du gerade getan hast?« »Natürlich, ich hab' John Lennon erschossen!« Während Yoko Ono den Kopf ihres Mannes in den Armen wiegt, blättert der Mörder völlig unbeteiligt in seinem mitgebrachten Buch *Der Fänger im Roggen*. Dann trifft die Polizei ein, einer der Beamten muss sich angesichts des vielen Blutes fast übergeben. Man wartet nicht den Krankenwagen ab und bettet Lennon auf den Rücksitz des Polizeiautos. Ein Beamter bemüht sich herauszufinden, ob Lennon noch bei Bewusstsein ist, und stellt ihm eine Frage, die Lennon selbst 40 Jahre lang versucht hat zu beantworten: »Wissen Sie, wer Sie sind?« Lennon seufzt nur. Um 23.07 Uhr, als sie das Roosevelt-Hospital erreichen, ist er bereits klinisch tot. Sieben Ärzte bemühen sich um eine Wiederbelebung, doch vergeblich – der Patient hat 80 Prozent seines Blutes verloren. Der Chefarzt wendet sich an Yoko Ono, die in einem zweiten Auto mitgefahren ist und unterwegs immer wieder auf die Polizisten eingeredet hat: »Sagen Sie mir, dass es nicht wahr ist. Sagen Sie mir, dass er okay ist!« Als der Arzt Yoko mitteilt, dass ihr Mann gerade verstorben ist, schaut sie ihn nur verständnislos an: »Meinen Sie, er ist eingeschlafen?« (alle Zit. n. Giles 2005, S. 60)

Was die Ärzte an jenem Abend nicht vermochten, schaffte in den folgenden Jahrzehnten Yoko Ono: Sie hielt John Lennon am Leben – zwar als ein Bild in der Erinnerung, aber als mächtige Metapher für die Unsterblichkeit eines Stars, der die Menschen noch heute bewegt. Obwohl er nach dem Ende der Beatles im April 1970 nur ein schmales und inkohärentes Werk von Solo-Arbeiten hinterließ, wurde John Lennon 2002 neben Berühmtheiten wie Churchill, Darwin oder Shakespeare in einer repräsentativen Umfrage der BBC zu den zehn »größten Briten« gezählt.

Leben

Träume und Traumata: Kindheit und Jugend in Liverpool (1940-1957)

Anfang des 20. Jahrhunderts glich die Hafenstadt Liverpool einem prosperierenden Schmelztiegel verschiedenster Kulturen: Neben Iren und Walisern war hier die größte »Chinatown« Europas entstanden. Die Stadt begriff sich als Tor zum britischen Empire und als Brückenkopf von Irland und Amerika – hier hatte die Transatlantiklinie Cunard ihren Sitz. Dabei gründete der Reichtum Liverpools maßgeblich auf dem Sklavenhandel des 18. Jahrhunderts; inzwischen war die Stadt zum wichtigsten Umschlagplatz von Baumwolle und Textilien in England geworden. Obwohl von der feinen Londoner Gesellschaft als rückständig und bedeutungslos abgetan, hatten die Menschen an der Merseyside ein robustes Selbstbewusstsein entwickelt.

Sich selbst bezeichneten die »Liverpudlians« gern als »Scousers« – nach einem deftigen Seemannsgericht namens »Lobscouse« (wir kennen diesen Fleisch-Gemüse-Eintopf als Labskaus). Aus Liverpool stammten auch die meisten Komiker und die berühmtesten Fußball-Teams Englands: »Man muss Komiker sein, um hier leben zu können«, war eine beliebte Redensart der Scousers.

> »Scousers besitzen einen unbändigen Lokalpatriotismus, glauben immer, gegen den Rest der Welt – vor allem gegen die Londoner – kämpfen zu müssen. Und diesen Standpunkt verteidigen sie sehr gewandt, mit ihrem Mundwerk und mit ihren Fäusten.« (Bill Harry, Begründer des Musikmagazins *Mersey Beat*; zit. n. Spitz 2005, S. 18)

Überlebenswichtig wurde diese Einstellung, als die Stadt während des Zweiten Weltkriegs wegen des strategisch wichtigen Hafens zu einem Hauptangriffsziel wurde. Vor allem die »docklands«, die Hafenanlagen und Landungsbrücken an der Flussmündung des Mersey in die irische See, gerieten permanent unter Beschuss. Die Legende erzählt, dass John Winston Lennon – der zweite Vorname war eine patriotische Reminiszenz an den damaligen Premierminister – während eines deutschen Bombenangriffs am Abend des 9. Oktober 1940, um 18:30 Uhr im Liverpooler Oxford Street Maternity Hospital als Sohn des Handelsmatrosen Alfred Lennon und seiner Frau, der »Kino-Platzanweiserin« Julia Stanley (ein Joke in ihrer Heiratsurkunde von 1938, denn beide waren verrückt nach Filmen) zur Welt kam. Natürlich eignete sich diese Geschichte wunderbar zur Mythenbildung: Ein unruhiger Geist, ein Kämpfer wurde geboren, während um ihn herum die Bombensplitter flogen. Leider hat die Recherche im Archiv der Tageszeitung *Liverpool Echo* ergeben, dass trotz der vielen Angriffe in jenem Monat am Tag von Lennons Geburt keine Bomben auf Liverpool fielen. Lennons rebellischer Impetus musste andere Wurzeln haben.

Zunächst war die Wohnung der Stanleys in der Newcastle Road im Stadtteil Penny Lane sein behagliches Zuhause. Schon bald zerbrach diese Idylle, als klar wurde, dass die Ehe von Alfred und Julia nicht von Dauer sein würde. Johns Mutter, eine sehr lebenslustige Frau, hatte während dieser Zeit zahlreiche Affären und gebar von einem ihrer Liebhaber ein Mädchen. John soll seine bald zur Adoption freigegebene und später verschollene Schwester Victoria nie zu Gesicht bekommen haben. Sein Vater, ein ruheloser Seemann irischer Abstammung, ließ die junge Familie immer wieder für Monate allein. Lennon sah ihn in seinen ersten Lebensjahren nur sporadisch. Doch im Juni 1946 holte Freddie seinen Sohn überraschend ab, um mit ihm ein paar Tage Urlaub im Seebad Blackpool zu verbringen. Während dieser Tage – die beiden verstanden sich bestens – machte er John ein Angebot, das den Jungen innerlich zerreißen sollte: Er wolle mit ihm nach Neuseeland auswandern. Zunächst war John ganz begeistert, doch als seine Mutter davon erfuhr, stellte sie ihn vor eine brutale Alternative: »Mit wem willst du in Zukunft zusammenleben, du musst dich jetzt endgültig zwischen deinem Vater und mir entscheiden.« Als John sich zunächst auf die Seite seines Vaters schlug, verließ Julia in stiller Wut den Raum. In einer dramatischen Szene riss sich der Fünfjährige

Familiäre Wirren

von seinem Vater los, um mit einem Aufschrei seiner Mutter nachzulaufen. Später erinnerte sich Freddie Lennon: »Das war das letzte, was ich von ihm sah und hörte, bevor ich erfuhr, dass mein Sohn ein Beatle war.« (zit. n. Davies 1994, S. 80)

Julia Lennon war als Alleinerziehende heillos überfordert. Sie wollte ihre wiedergewonnene Freiheit nach der endgültigen Trennung von Freddie auskosten und dachte nicht daran, als treusorgende Mutter in Liverpool bei ihrem Kind zu bleiben. Doch da war ja noch ihre ältere Schwester Mary, »Mimi« genannt, die mit ihrem Ehemann George Smith im Vorort Woolton in der Menlove Avenue 251 eine Doppelhaushälfte im Pseudo-Tudor-Stil bewohnte. Diese nach einer Bergkette »Mendips« genannte typisch englische Mittelklasse-Oase war zunächst nur gelegentlich, ab seinem fünften Lebensjahr dann aber Johns ständiges Zuhause. »Julia brachte ihn zum ersten Mal zu mir, als er gerade zehn Tage alt war, und von da an war unser Haus seine zweite Heimat«, erinnerte sich Mimi später (zit. n. Howlett / Lewisohn 1990, S. 8). John erlebte seinen Onkel George als den eigentlichen Vater, der ihm abends zum Einschlafen Geschichten vorlas und ihm auch die erste Maultrommel schenkte. Nicht selten verwöhnte er den Jungen hinter dem Rücken der oft rigorosen Mimi. Verstörungen ergaben sich nur, wenn Johns leibliche Mutter Julia zu Besuch kam – und das tat sie oft. Bald übernahm sie die Rolle der exzentrischen Tante, die das strenge Erziehungsregiment von Mimi etwas aufweichte und Johns psychische Verletzung nach der Trennung seiner Eltern zu lindern suchte. Auch ihre jüngeren Schwestern Betty, Mater und Anne kümmerten sich rührend um das Kind. »Meinen Vater hatte ich bald vergessen. Es war, als wäre er tot.« (zit. n. Jackson 2005, S. 20)

In Schuluniform im Alter von acht Jahren

Tante Mimi und Onkel George

Plakette an Tante Mimis Haus »Mendips«

>»Es waren fünf starke, intelligente, wunderbare Frauen, fünf Schwestern. [...] Ich hörte sie reden über die Männer, über das Leben, und sie wussten immer genau, was ablief. Die Männer wussten nie richtig Bescheid. Das war meine erste feministische Prägung.« (John Lennon über seine Mutter und ihre vier Schwestern; zit. n. Sheff 2001, S. 136)

Vgl. S. 62 f.
u. S. 83

Lennon romantisierte seine Mutter in zahllosen Liedern wie *Julia, Mother, I'm Losing You* oder dem gespenstischen *My Mummy's Dead*. Und er verlor sie wirklich ein zweites Mal. Am 15. Juli 1958 wurde sie von einem betrunkenen Polizisten außer Dienst auf der Straße überfahren, als sie von einem Besuch bei Mimi zurückkehrte. Später gab Lennon zu Protokoll: »Ihr Tod hat mich nachhaltig traumatisiert.« (zit. n. Elliott 1999, S. 46)

Der Verlust der Mutter wurde zum unbewussten Fixpunkt im Leben Lennons. Er behauptete sogar: »Der einzige Grund dafür, dass ich ein Star geworden bin, liegt in der Verdrängung. Nichts hätte mich zu all dem getrieben, wenn ich ›normal‹ gewesen wäre.« (zit. n. Harry 1992, S. 341) Die Ursprungsszene allen Weltschmerzes lag für John im Verlust der mütterlichen Liebe. Die Schlüsselzeilen in seinem Lied *Mother* lauten deshalb folgerichtig: »Mother, you had me but I never had you / I wanted you, you didn't want me.«

Dabei war es Julia Lennon, die früh das Interesse ihres Sohnes an Musik förderte und ihm auch die ersten Banjogriffe beibrachte – sie selbst hatte die einfachen Akkorde von ihrem Großvater, William Stanley, als Kind gelernt. Daneben spielte sie leidlich Klavier, Mundharmonika und Akkordeon. Für ihre Zeit muss Julia eine gänzlich unkonventionelle Frau gewesen sein. Mit schrägem Humor ausgestattet, trug sie beispielsweise bei der Hausarbeit gern eine Brille ohne Gläser. Wenn sie dann mit jemandem sprach, steckte sie plötzlich ihren Finger durch die leere Brillenfassung, um sich am Auge zu reiben. Darüber hinaus galt sie als ganz passable Sängerin und hatte ihren John oft mit einem kleinen Lied aus dem Walt-Disney-Film *Schneewittchen und die sieben Zwerge* in den Schlaf gewiegt: »Want to know a secret? / Promise not to tell / You are standing by a wishing well.« Später kombinierte Lennon diese Melodie mit Buddy-Holly-Harmonien und machte daraus die Beatles-Nummer *Do You Want To Know A Secret*.

Seine Kindheit war ein einziges Wechselbad zwischen namenloser Wut und einer schon fast neurotischen Empfindlichkeit. Schon kurz nachdem er im November 1945 den Kindergarten an der Moss Pits Lane Infant School besuchte – nur ein paar Straßen von »Mendips« entfernt – erhielt John für sein unbändiges Verhalten eine Rüge. Er galt als angriffslustig und

Enfant terrible

Mit seiner geliebten Mutter Julia

unberechenbar, und die Eltern seiner Schulkameraden warnten ihre Kinder – wie er später selbst gestand – so manches Mal, mit ihm zu spielen: Er übe einen schlechten Einfluss auf sie aus.

Seine Karriere an der Dovedale Road Primary School war nicht weniger wild. Trotzdem erhielt John Lennon einen Platz an der Quarry Bank Grammar School, von ihren Schülern wegen der rigiden Erziehungsmaßnahmen – inklusive der englischen Prügelstrafe mit Bambusstöcken – auch »the police state« genannt. Mit seinem leicht entzündlichen Zorn und seiner großen Klappe war John während seiner Schulzeit dafür bekannt, keiner Schlägerei aus dem Weg zu gehen. In seinem zweiten Schuljahr tauschte er Kataloge für Damenunterwäsche gegen Zigaretten – hinter den Fahrradständern hatte er eine heimliche Raucherecke eingerichtet. Lennon war ein Musterbeispiel jugendlicher Rebellion, wobei ihm seine rhetorischen Fähigkeiten und sein Wortwitz zustatten kamen. »Wenn ich in eine Prügelei verwickelt wurde und meine Gegner kleiner waren als ich, siegte ich meistens durch meine Fäuste. Wenn sie aber größer und stärker waren, warf ich ihnen komplizierte Sprüche und Wortwendungen an den Kopf, um sie zu verwirren und mir so meine Vorteile zu ergattern.« (zit. n. Clayson 2003, S. 15)

> »Ich wurde von den unterschiedlichsten Dingen beeinflusst, sie reichen von Lewis Carroll über Oscar Wilde bis zu kleinen, frechen Jungs, die in der Nachbarschaft wohnten und schließlich im Gefängnis landeten.« (John Lennon über die Erfahrungen in seiner Jugend; zit. n. The Beatles 2000, S. 8)

Obwohl er als arrogant galt, waren seine Cartoons, Parodien und Nonsens-Verse bei den Klassenkameraden äußerst beliebt. Als *The Daily Howl* machten Zeichnungen und Gedichte, die er meistens während des Unterrichts produzierte, die Runde. Inspiriert wurde John dabei nicht zuletzt durch das surrealistisch angehauchte BBC-Comedy-Programm *The Goon Show*. Diese wöchentliche Radiosendung etablierte eine neue Form absurden Humors im Nachkriegsengland, wie er einst nur der Oberschicht vorbehalten war. Zum eigentlichen Fluchtpunkt seines Lebens aber avancierte der Rock 'n' Roll. Obwohl es keineswegs die erste Musik war, die Lennon ansprach, hatten nie zuvor irgendwelche Klänge ihn im Innersten so aufgewühlt und seinen eigenen rebellischen Herzschlag spüren lassen: Rau, energetisch, sexy und mysteriös – der ideale Soundtrack für einen aufsässigen Teenager. »Das war das einzige, was wirklich bei mir ankam. Rock 'n' Roll war wirklich und echt. Alles andere war unwirklich und unecht.« (zit. n. Wenner 2002, S. 97) Dieser stilistische Bastard aus Rockabilly, Country und Blues sprengte mit einem Schlag den Zusammenhalt der Generationen und ermöglichte den

Vgl. S. 116

Soundtrack
der Rebellion

Aufstieg des »Teenagers«, einer Figur mit – wie es damals vielen Verfechtern der Offizialkultur erschien – nicht länger beherrschbarem Konfliktpotential.

In der ersten Hälfte der Fünfziger vom Hitparaden-Programm der BBC nicht sonderlich begeistert und in seinen musikalischen Vorlieben noch unentschieden, erlebte John Lennon seine Erleuchtung, als er im Februar 1956 die Aufforderung von Bill Haley *Shake, Rattle And Roll* auf Radio Luxemburg hörte. Die rohe Kraft dieser Musik und ihre Gebrauchslyrik begeisterten ihn. Carl Perkins' *Blue Suede Shoes* oder *You Don't Have To Go* von Jimmy Reed taten in den folgenden Wochen ein Übriges. Zu einer wahren Gefühlsexplosion aber kam es, als Radio Luxemburg im Frühjahr 1956 den neuen Hit von Elvis Presley ins Programm nahm: »Als sie zum ersten Mal *Heartbreak Hotel* spielten, war es um mich geschehen. Es war, als wäre von dieser Mu-

Wild und zügellos: Johns frühes »role model« Elvis Presley

sik ein Zauberfunke übergesprungen, der uns mit einem Knall die ganze Welt eröffnete.« (zit. n. Spitz 2005, S. 41) Das Lied muss ein befreiender Stimulus für die schüchternen Träume und Leidenschaften eines jeden englischen Schuljungen gewesen sein.

Elvis Presley, vgl. S. 99

Lennon vergötterte Elvis in den kommenden zwei Jahren – bis Colonel Parker 1958 anfing, dem Rohdiamanten »Elvis the Pelvis« sanftere Konturen zu verleihen. Bis dahin war er für John »The Memphis Flash«. Als er zum ersten Mal ein Foto von ihm im *New Musical Express* sah, faszinierte ihn diese Mischung aus Muttersöhnchen und pomadigem Gangster. Kein Wunder, dass John von jetzt an auch versuchte, Faulheit, Destruktivität und Narzissmus in seinem Auftreten zu paaren: Die Hände tief in die Hosentaschen gerammt, ein höhnisches Kaugummilächeln auf den Lippen und brutales Selbstbewusstsein ausstrahlend, gab er jetzt den Prototyp des Rock'n' Rollers.

Doch nicht allein Elvis, auch musikalische Aufwiegler wie Little Richard mit *Long Tall Sally*, Jerry Lee Lewis mit seinem Kracher von 1957 *Whole Lotta Shakin' Goin' On* oder Chuck Berry mit *Roll Over Beethoven* lieferten ihm Erkennungsmelodien jugendlichen Überschwangs. Dabei war es in den Fünfzigern in Großbritannien noch extrem schwierig, die begehrten Rock-'n'-Roll-Platten aus den USA zu bekommen. Schlagartig wuchs im Königreich die Nachfrage nach Gitarren. Lennon wollte unbedingt auch so ein Ding haben, das immer lässig um Elvis' Hals baumelte. Julia unterstützte ihn in seinem Wunsch, und so bestellte sich John gegen den Willen seiner Tante Mimi auf eine Zeitungsannonce in der *Daily Mail* hin beim Reveille-Versand für 5 Pfund 10 Schilling an die Adresse seiner Mutter eine schwarz-braune Galloton-Champion-Steel-String-Gitarre. Die Anzeige warb mit dem Vermerk: »Geht garantiert nicht kaputt!« John begann sofort, die Banjo-Akkorde, die Julia ihm beigebracht hatte, in die Saiten zu dreschen. Selbst Rock'n'Roll zu spielen, das war damals noch außerhalb seiner Vorstellungskraft: John begnügte sich zunächst mit seiner zweiten großen Liebe, der Skiffle-Musik.

»Skiffle« war ein Kompromiss: Weniger konfrontativ als Rock 'n' Roll, weniger rasant und nicht mit Sex- und Gewalt-Gesten kokettierend, wirkte Skiffle nicht sonderlich beunruhigend auf britische Eltern. Hier wurden bekannte Volkslieder wie *Rock Island Line* oder *Who's Sorry Now* zwar durch einen hämmernden Beat beschleunigt. Als hausgemachte Mischung aus Folk-Melodien, Jazz-Akkorden und Country-Blues – nicht zufällig hatte Liverpool nach dem Krieg kurzzeitig als »Nashville des Nordens« gegolten – wirkte Skiffle jedoch wie eine vertrauensbildende Maßnahme. Und Lonnie Donegan war ihr perfekter Propagandist. Mit dem Gassenhauer *Rock Island Line* aus dem Repertoire seines Arbeitgebers Chris Barber landete er im Herbst 1955 einen landesweiten Hit. Auch John Lennon war von dem Stück begeistert. Ausnahmsweise kaufte er sich die 78er-Single, um sie auf Julias altem Plattenspieler wieder und wieder aufzulegen. Denn hier bot sich eine unverhoffte Chance: Skiffle war so einfach gestrickt und doch so eindringlich, dass sich die Gründung einer Skiffle-Group geradezu aufdrängte. Neben Gitarre und Banjo brauchte man nur noch ein Waschbrett zur Perkussion und einen Teekistenbass mit einer Saite über einem Besenstiel.

Nachdem John die Donegan-Single so oft gespielt hatte, dass im Mittelteil mehrere Kratzer zu hören waren, verkaufte er sie für zwei Schilling an seinen Schulkameraden Rod Davis. Der hatte sich gerade ein billiges Windsor-Banjo zugelegt, um seinem Idol Donegan nachzueifern. Als er seinem Freund Eric Griffiths begeistert davon erzählte, erfuhr er, dass der sich ebenso wie Lennon bereits mit einer Gitarre versorgt hatte, während ihr Kumpel Pete Shotton schon fleißig am Waschbrett übte. Griffiths und Lennon probten täglich nach der Schule zusammen und versuchten sich an ihrer ersten Cover-Version, an Fats Dominos *Ain't That A Shame*. Die Gründungsformation der Black Jacks verzeichnete John und Eric an den Gitarren, Rod am Banjo und Pete am Waschbrett. Nach ersten Proben im Haus von Eric Griffiths wechselte man ins Badezimmer von Julia, mit einem Gitarristen in der Badewanne, um den Hall eines Verstärkers zu simulieren. Natürlich war John der unumstrittene Bandleader. Er konnte als Einziger singen und beherrschte einen Gitarrenakkord mehr als seine Mitstreiter. Als sie nach ein paar Wochen merkten, dass es bereits eine andere Skiffle-Group namens The Blackjacks gab, erinnerte sich Shotton an eine Zeile aus der Schulhymne: »Quarry men, old before our birth / Straining each muscle and sinew.« Das war's: The Quarry Men, da ohnehin alle Bandmitglieder die Quarry Bank High School besuchten. Selbst ihr Direktor William Pobjoy, der bisher an Lennons Aufsässigkeit fast verzweifelt war, freute sich über die neue offizielle »Schulband« und vor allem darüber, dass Lennon mit

Von Black Jacks zu Quarry Men

»John bot die Dienste seiner Gruppe immer äußerst höflich an und er hätte nie Geld verlangt. John war dankbar für jede Gelegenheit, umsonst spielen zu dürfen.« (Schuldirektor William Pobjoy über seinen aufsässigen Schüler; zit. n. Coleman 2000, S. 51)

der Skiffle-Musik endlich eine Art Blitzableiter für seinen jugendlichen Zorn gefunden hatte.

Schon bald zeigte sich, dass Pete Shotton zu schüchtern war, um regelmäßig Auftritte auf einer Bühne durchzustehen. Colin Hanton übernahm sein Waschbrett, und der Teekistenbass wechselte bald von Ivan Vaughan über Nigel Whalley zu Len Garry. Natürlich war Donegans *Rock Island Line* das erste Stück, an dem man sich versuchte. Songs wie *Don't You Rock Me, Daddy-O* oder der Evergreen *Maggie Mae* erweiterten ihr Repertoire. Als im Frühling 1957 bei Auftritten auf Partys und Gemeindefesten immer mehr Zuhörer forderten, man möge doch harten Rock 'n' Roll anstelle des gemäßigten Skiffle spielen, trafen sie bei John auf offene Ohren. Innerhalb weniger Tage brachte ihm seine Mutter Julia die Gitarrengriffe von Buddy Hollys *That'll Be The Day* bei, der ersten Rock-Nummer, die John fehlerfrei singen und spielen konnte. Natürlich brauchte er jetzt eine bessere Gitarre, und er überredete schließlich die skeptische Mimi, mit ihm in das größte Liverpooler Musikgeschäft »Hessy« zu fahren. Seine Wahl fiel auf eine spanische Akustik-Gitarre im braun-schwarzen Look. Sie war straffer und druckvoller im Sound und animierte John, sich zunehmend an Rock-Knallern wie *All Shook Up* oder *Long Tall Sally* zu versuchen.

Am Morgen des 6. Juli 1957 kam es wieder einmal zu einem handfesten Krach zwischen John und seiner Tante: »Er kam die Treppe herunter und sah aus wie ein Halbstarker« – mit hautengen schwarzen Röhrenhosen und einem großkarierten blau-weißen Hemd, dazu die unvermeidliche Pomade im Haar. Tante Mimi wollte ihn in diesem Aufzug gar nicht auf die Straße lassen, doch John ging einfach hinaus. Er hatte Großes vor an diesem Tag, waren seine Quarry Men doch für das Gartenfest der St. Peter Church in Woolton engagiert worden. Pete Shottons Mutter, Mitglied im Festkomitee dieses sozialen Großereignisses, hatte die Band vorgeschlagen, um auch jüngere Leute zu der alljährlichen »Garden Fete« zu locken. Mit den ersten scheppernden Akkorden der unverstärkten Gitarren stürzten alle Jugendlichen zur provisorischen Bühne. Die Quarry Men hatten einen guten Tag und

Von Skiffle zu Rock 'n' Roll

Woolton Parish Church Garden Fete

The Quarry Men
bei ihrem
legendären
Auf-tritt am 6.
Juli 1957

wechselten zwischen Skiffle-Nummern und Rock-'n'-Roll-Songs. John erinnert sich: »Es war das erste Mal, dass ich mich getraut habe, *Be-Bop-A-Lula* live auf der Bühne zu singen.« (zit. n. Spitz 2005, S. 94 f.)

Auch Johns Mutter Julia war mit Tante Mimi aus alter Gewohnheit und nichts Böses ahnend zu dem Gartenfest gekommen. Die beiden unterhielten sich gerade bei einer Tasse Tee, als sie – nach Mimis Worten – plötzlich »einen Lärmausbruch« vernahmen. John geriet ein wenig aus dem Gleichgewicht, als er seine Tante inmitten des Gewühls vor der Bühne erblickte, und improvisierte in dem Lied, das er gerade sang, die Textzeile: »And Mimi's coming down the path, oh-oh.« Im Publikum saß auch Ivan Vaughan, der schon gelegentlich als Ersatz für Len Garry bei den Quarry Men eingestiegen war. Er hatte einen ebenfalls rockbegeisterten Schulfreund

Paul McCartney vom »Liverpool Institute« dabei: Paul McCartney. Vaughan wusste genau, dass McCartney besser Gitarre spielte als alle Quarry Men zusammen, und stellte ihn deshalb nach dem Auftritt John vor. Der war zunächst misstrauisch dem Fremden gegenüber, und auch McCartney zeigte sich reserviert. Doch John taute zusehends auf, als McCartney ihm eine rasante Rockabilly-Version von Eddie Cochrans *Twenty Flight Rock* vorspielte, inklusive des kompletten Textes und einem lässigen Elvis-Ton in seiner Stimme. Als Paul dann noch souverän die Little-Richard-Nummern *Tutti Frutti* und *Good Golly, Miss Molly* nachlegte, war für John klar: Mit ihm konnten die Quarry Men nur besser werden. Eine der kreativsten Kooperationen in der Musik des 20. Jahrhunderts nahm ihren Lauf.

> »John war der ortsansässige Ted. Es gab viel Aggression damals in Liverpool, viele Teds, und man versuchte ihnen auszuweichen, wenn man ihnen begegnete. Wenn man wie John eher eine Art Einzelgänger war, muss man sich mit einer Art Schutzwall umgeben.« (Paul McCartney über den jugendlichen Lennon; zit. n. The Beatles 2000, S. 20)

Das Fab-Four-Phänomen: Zu viert gegen den Rest der Welt (1958-1962)

James Paul McCartney (geboren am 18. Juni 1942 in Liverpool), der nicht weit entfernt von Tante Mimis Haus im Stadtteil Woolton aufgewachsen war, hatte eine anspruchsvollere Musikerziehung erhalten als John. Sein Vater war ein **McCartneys Elternhaus** erfolgreicher Autodidakt an Klavier und Trompete und begeisterter Freizeitjazzer. Mit dem Klavier in seinem Elternhaus wusste Paul zunächst nicht viel anzufangen, die Trompete hatte es ihm anfangs angetan. Sein Vater brachte ihm bei, Volkslieder und einfache Jazznummern wie *When The Saints* nach dem Gehör zu spielen. Doch bald zeigte sich, dass Paul kein zweiter King Oliver werden würde. Zumal Elvis und Lonnie Donegan inzwischen in der Gunst McCartneys die Jazzhelden seines Vaters abgelöst hatten. Als Linkshänder hatte er anfangs Probleme, sein neues Lieblingsinstrument, die

Gitarre, zu erlernen. Doch Paul spannte auf einem Rechts-
händerinstrument einfach die Saiten um. Neben den schwarzen Schreien eines Little Richard hatten es ihm zudem die
Everly Brothers mit ihren perfekten Harmoniegesängen angetan. In Pauls Seele kämpften schon früh die ruppigen Rock-
'n'-Roll-Nummern mit sentimentalen Schnulzen à la *White
Christmas*. Sein Debüt mit den Quarry Men gab McCartney
am 18. Oktober 1957. Zu jenem Zeitpunkt war er der Perfek-
tionist in der Band mit genauen Vorstellungen vom Sound
eines Stücks, während Lennon eher instinktiv agierte.

Immer stärker drängten die Quarry Men im Jahr 1958 Richtung Rock. Skiffle war passé, was Eric Griffiths und Len Garry dazu bewog, auszusteigen. Ein neuer Gitarrist musste her,
und Paul brachte ihn alsbald zur wöchentlichen Probe mit:
George Harrison. Der war bereits seit seinem 13. Lebensjahr **George Harrison**
ein Griffbrett-Abenteurer und bekennender Teddy-Boy. Als
er dann eine perfekte Instrumentalversion von *Raunchy* zum
Besten gab, einem Lieblingsstück Lennons, hatte er schon gewonnen. Weil George, Sohn eines Liverpooler Busfahrers, zudem eine E-Gitarre besaß – auf eine akustische Höfner Presi-
dent hatte er einfach einen Pick-Up montiert –, gab er dem
Quarry-Men-Sound neue Schubkraft. Er kannte die Soli klassischer Rock-'n'-Roll-Nummern Note für Note und war damit als Leadgitarrist prädestiniert. In der Schule war Harrison
eher zurückhaltend und galt als schwierig, auch eine Elektri-
kerlehre brach er ab – doch seine Eltern, obwohl von seinem
zurückgegelten Haar und den hautengen schwarzen Hosen
wenig angetan, unterstützten die Musikbesessenheit ihres
Sohnes nachhaltig. Mit drei Gitarren, Schlagzeug und Piano,
aber ohne Bassisten besaßen die Quarry Men genügend
Selbstbewusstsein, um Mitte 1958 im Heimstudio von Percy
Phillips eine Single aufzunehmen: John sang neben einer **Die erste Single**
Cover-Version von Buddy Hollys *That'll Be The Day* den
McCartney / Harrison-Song *In Spite Of All The Danger*. Au-
ßerdem hatte Paul zuvor bereits den Drei-Akkorde-Titel *I
Lost My Girl* verfasst, während Lennon *Hello Little Girl*, einen
Song im Stil der Vierziger, geschrieben hatte – die Melodie
hatte seine Mutter ihm oft vorgesummt. Bereits in dieser frü-

Lennon /
McCartney

hen Phase ihrer Partnerschaft beschlossen Lennon / McCartney, zukünftig nur als Komponisten-Team aufzutreten, ganz gleich von wem die Idee zu einem Lied stammte.

Als Anfang 1959 der Skiffle-Boom zu Ende ging, die Quarry Men immer weniger Auftrittsmöglichkeiten fanden und auch noch der Drummer Colin Hanton ausstieg, zerfiel die Band. Immerhin war jetzt so viel Geld in der Kasse, dass Lennon und Harrison sich elektrische Höfner-Gitarren leisten konnten, während McCartney zunächst bei seiner akustischen Zenit blieb. Lennon hatte sich mittlerweile am Liverpool College of Art eingeschrieben; die Kunstakademie galt als eine Art »Naturschutzpark« für rebellische Egos. John setzte hier seine erprobte Strategie stilsicherer Aufsässigkeit fort. Sein akademischer Ehrgeiz hielt sich in Grenzen, sein Charisma als unberechenbarer Anführer wuchs, auch wenn er als »Wochenend-Teddy-Boy« galt. Obwohl er sich auch gern als Kampftrinker gerierte, vertrug John eigentlich keinen Alkohol. Kein Wunder, dass er ein paar Mal an die »Falschen«, d. h. die echten, brutalen Rocker geriet und verprügelt wurde. John war extrem kurzsichtig und erweckte oft den Eindruck, als versuche er ein provokantes »stare down« bei seinem Gegenüber. Eigentlich hätte er eine Brille tragen müssen, und als er 1958 die TV-Übertragung eines Buddy-Holly-Konzerts aus dem Londoner »Palladium« sah, empfand er die massive schwarze Brille des amerikanischen Rock-'n'-Roll-Idols als nachhaltigen Trost.

Möchtegern-
Rocker, vgl.
S. 104

Sein Freund während der Art-College-Tage, Stuart Sutcliffe, war ein ganz anderer Typ. Er verfügte über echtes Talent als Maler und bemühte sich ernsthaft, ein respektabler bildender Künstler zu werden. Während Lennon sich sorgte, auch ja in der richtigen Clique mitzumischen, wirkte Sutcliffe cool und gelassen. Schließlich fragte John seinen Kumpel, ob er nicht Lust hätte, Bass zu lernen. Der sagte zwar zu und kaufte sich sofort einen Höfner-333-Bass, verfügte aber kaum über musikalisches Talent: Sutcliffe konnte oft den Rhythmus nicht halten, griff häufig in einer falschen Tonart und war doch für die Band von historischer Bedeutung. Ihr neuer Name ging auf seine Idee zurück. Zwar trat das Quartett noch bis Juli

Stuart Sutcliffe,
vgl. S. 92

1960 als »Silver Beats« oder »Silver Beetles« auf, doch dann entschied sich John endgültig für Sutcliffes Vorschlag »The Beatles« (zunächst noch als »The Beatals« geschrieben). Als man der Liverpooler Gruppe ein mehrwöchiges Engagement in Hamburg anbot, fehlte nur noch ein Drummer. Glücklicherweise erinnerten sich John und Paul an Pete Best, stolzer Schlagzeug-Besitzer und Sohn von Mona Best, Betreiberin des »Casbah Coffee Club«, in dem die Band oft gespielt hatte. Der Hamburger Clubbesitzer Bruno Koschmider ließ das komplettierte Quintett am 17. August 1960 erstmals im »Indra« auf der Großen Freiheit auftreten. Obwohl es ein müder Schuppen war, entwickelten die Beatles hier inmitten der Hamburger Subkultur mit ihren Prostituierten, Halbkriminellen und betrunkenen Seeleuten ein stabiles Gemeinschaftsgefühl als Band. Quasi über Nacht verwandelten sich harmlose Jugendliche in abgebrühte Männer.

> »Das ›Indra‹ war so lebendig wie eine Friedhofskapelle, es waren gerade mal zwei Gäste da, und selbst die Musikbox zog es vor zu schweigen.« (Pete Best in seinen wehmütigen Erinnerungen; zit. n. Best / Harry 1997, S. 45)

Lennon sollte später seinen ersten Hamburg-Trip als »the making of me« bezeichnen. Um überhaupt im Lärm des Lokals wahrgenommen zu werden, mussten sie mit voller Härte und Lautstärke spielen. Ihre Aufgabe war es, Leute in den Club zu locken. Also veranstalteten sie eine vollkommen absurde Show, hüpften herum wie Affen und traten eines Nachts sogar mit Klobrillen um den Hals auf. Die Wohnbedingungen waren eine Zumutung, die Band musste wochenlang in einem Kabuff hinter der Leinwand des »Bambi Filmkunsttheaters« hausen. Die nächtelangen Auftritte stand sie nur mit der chemischen Unterstützung von Preludin-Pillen durch, die in Kombination mit Bier einen massiven Adrenalin-Schub verursachten.

Vom »Indra« wechselten die Beatles in den »Kaiserkeller« und spulten Coverversionen ihrer Heroen ab: Stücke von Little Richard, Chuck Berry, Buddy Holly, Fats Domino u. a. Hier

Marginalien:

Von Silver Beats zu Beatals

Pete Best

Erster Hamburg-Trip

»Indra«, »Kaiserkeller« und »Top Ten«

teilten sie sich die Bühne mit einer anderen Liverpooler Band:
Rory Storm And The Hurricanes, bei denen ein Drummer
namens Ringo Starr hinter den Trommeln saß. Doch als ihr
Boss Koschmider erfuhr, dass die Beatles in ihren Auftritts-
pausen im Konkurrenzclub »Top Ten« mit dem Sänger Tony
Sheridan jammten, kündigte er kurzerhand ihr Engagement.
Stu Sutcliffe kehrte als einziger nicht mit zurück nach Liverpool, denn er hatte sich in Hamburg in die Fotografin Astrid
Kirchherr verliebt und wollte dort seine Kunststudien wieder
aufnehmen. Die Beatles aber wirkten wie neu geboren: Ihr
Selbstbewusstsein war durch die Marathon-Auftritte in Hamburg gestärkt, mit neuem Equipment ausgestattet – John hatte sich in Hamburg seine berühmte Rickenbacker-325-Gitarre

plus Röhrenverstärker zugelegt –, legten sie jetzt eine mitrei-
ßende Bühnenshow hin, die das Publikum zur Ekstase trieb.
McCartney ließ sich überreden, zum Bass zu wechseln, und
witterte gegenüber den beiden Gitarristen seine Profilierungs-
chance. Fast jede Nacht waren die Beatles 1961 in Tanzhallen
oder Clubs unterwegs. Ihre Operationsbasis fanden sie in einem ehemaligen Liverpooler Lagerhaus für Gemüse, im »Cavern Club«. Hier gewannen sie ihre lokale Fangemeinde. **»Cavern Club«**
Doch zunächst ging es im März für ein weiteres dreimonati- **in Liverpool**
ges Engagement zurück nach Hamburg. Jetzt trat die Band
im Wechsel mit Tony Sheridan im »Top Ten« auf. Paul
McCartney erwarb im Hamburger Steinway-Haus mit dem
Violin-Bass von Höfner ein späteres Erkennungsmerkmal der
Pilzköpfe.
Als der Produzent und Musiker Bert Kaempfert für Sheridan
in der Hamburger Friedrich-Ebert-Schule eine Aufnahmesession buchte, waren die Beatles mit von der Partie. Sie be-
gleiteten Tony Sheridan bei den beiden Kneipen-Evergreens
My Bonnie Is Over The Ocean und *When The Saints Go Marchin'* **My Bonnie Is**
In und nahmen daneben noch *Ain't She Sweet* und den Instru- **Over The Ocean**
mentaltitel *Cry For A Shadow* auf. Doch die deutsche Plattenfirma Polydor reagierte konfus: Als im Sommer 1961 die Single *My Bonnie* erschien, annoncierte sie die Beatles als »Beat
Brothers« – angeblich der besseren Verständlichkeit wegen.
Trotzdem war der Geschäftsführer des Liverpooler Plattenla-
dens North End Music Stores, Brian Epstein, nachhaltig ver- **Brian Epstein**
unsichert: Binnen einer Woche verlangten mehrere Jugendli-
che die »Beatles-Platte« mit Tony Sheridan – doch er selbst
hatte noch nie etwas von den Lokalmatadoren gehört. Als der
27-jährige passionierte Klassik-Liebhaber sie dann am 9. November 1961 zum ersten Mal live im »Cavern Club« erlebte,
war er zunächst schockiert: Ihre wüste Bühnenshow inklusive freundschaftlicher Rempeleien, Fluchen, Rauchen und
Schreien besaß eine unerhörte Kraft. Vor allem Lennons an-
griffslustiger Gestus hatte es ihm angetan.
Man freundete sich an, und schon im nächsten Monat bot
Epstein den Jungs an, sie gegen eine Beteiligung von 25 Prozent der Gesamteinnahmen zu managen. Was Lennon bald

einen »faustischen Pakt« nannte, war Epsteins Versuch, das Image der »Moptops« – schon in Hamburg hatte Astrid Kirchherr ihnen die typischen Pilzkopf-Frisuren verpasst – ein bisschen zu glätten: Kragenlose Jacken anstelle der schwarzen Rocker-Lederkluft, Rollkragen-Pullover, weite schwarze Hosen, schwarze Stiefeletten. Dank Epsteins Beziehungen war die Band jetzt an sechs Tagen der Woche ausgebucht. Auch Mike Smith von Decca Records, den Epstein überreden konnte, sich seine Entdeckung im »Cavern« einmal anzuhören, war von der Ausstrahlung des Quartetts angetan und lud sie zu einer Aufnahmesession nach London ein. Doch die Beatles mussten hier auf ungewohntem Studio-Equipment spielen und wirkten ein wenig unsicher. Keines der 15 aufgenommen Stücke, auch nicht Eigenkompositionen wie *Like Dreamers Do* oder *Hello Little Girl*, strahlte jene Emphase und Leidenschaft aus, die in ihren Konzerten längst Standard war. Die Firma Decca Records krönte ihre Absage jedenfalls mit der grandiosen Fehleinschätzung: »Gitarrenbands sind heute auf dem absteigenden Ast.« (zit. n. The Beatles 2000, S. 67) Aber Epstein gab nicht auf: Während ihres dritten Gastspiels in Hamburg teilte er den Beatles mit, dass George Martin von EMI ihnen einen Studiotermin anbot. Bei ihrer Ankunft in Deutschland fühlten sie sich jedoch zunächst wie vor den Kopf gestoßen: Stu Sutcliffe war am Tag zuvor völlig überraschend an einer Gehirnblutung verstorben, Astrid Kirchherr stand unter Schock. Doch »the show must go on« – während ihres siebenwöchigen Engagements waren sie im gerade eröffneten »Star Club« die Hauptattraktion. Auch die Aufnahmesession am 6. Juni 1962 in den Londoner Abbey Road Studios verlief nach Plan: Der Lennon / McCartney-Song *Love Me Do* begeisterte die gesamte Studio-Crew. George Martin nahm die Band unter Vertrag und hatte nur eine Bedingung: Der Schlagzeuger Pete Best musste bis zum nächsten Studiotermin ausgetauscht werden, da er angeblich bei den Probeaufnahmen den Takt nicht halten konnte. Best fühlte sich tief getroffen, doch das professionelle Kalkül seiner Freunde setzte sich schnell durch: Sie fragten den schon länger geschätzten Ringo Starr, ob er nicht in Zukunft die Felle bedienen wolle.

Probeaufnahmen

George Martin

Vgl. S. 92

Ringo Starr

Richard Starkey, Jahrgang 1940, aufgewachsen im ruppigen Arbeiterviertel Dingle, hatte keine einfache Jugend. Oft monatelang krank, versäumte er viel Schulunterricht. Nach der Scheidung seiner Eltern zog er sich noch mehr zurück, und nur das Trommeln schien im noch Spaß zu machen. Von seinem Stiefvater bekam er 1959 sein erstes Schlagzeug geschenkt und spielte fortan in diversen Liverpooler Bands, bis er am 18. August 1962 fest bei den Beatles einstieg. Sein persönlicher Trommelstil mit einem entspannten Drive auf der Snare-Drum und präzisem Bass-Drum-Beat sollte den Sound des Quartetts nachhaltig prägen. »Ich bin glücklich, dass ich mit ihnen nicht nur als Drummer, sondern auch als Mensch auf einer Wellenlänge liege«, bekannte Ringo im *New Musical Express*.

Doch vor ihrem musikalischen Durchbruch musste John erst einmal seine persönlichen Verhältnisse in Ordnung bringen. Als seine langjährige Freundin Cynthia Powell, die er auf der Kunstakademie kennen gelernt hatte, ihm kurz vor der alles entscheidenden zweiten Aufnahmesession in London eröffnete, sie sei schwanger, wurde er zwar kreidebleich, antwortete jedoch spontan: »Wir wollten zwar beide kein Baby, Cyn, aber ich liebe dich und werde dich jetzt nicht sitzenlassen.« (zit. n. C. Lennon 2005, S.129) Die Blitzhochzeit der beiden fand am 23. August 1962 statt, ihr Sohn Julian wurde am 8. April 1963 geboren. Mimi war über Johns Heirat außer sich und warf Cynthia vor, ihn in eine Falle gelockt zu haben. John fühlte sich von dieser schroffen Reaktion seiner geliebten Ersatzmutter tief verletzt.

Heirat mit Cynthia und Geburt von Julian, vgl. S.134f.

> »So unglaublich das auch heute klingen mag: John und ich hatten nie verhütet, und keiner von uns dachte auch nur im Traum daran.« (Cynthia Lennon in ihrem Erinnerungsbuch *John*; C. Lennon 2005, S.128)

Noch bevor es zu einer Versöhnung kam, fuhr John mit der Band in die EMI-Studios, um unter Martins Ägide die erste Beatles-Single *Love Me Do* einzuspielen. Trotz der 21-fachen Nennung des Wörtchens »love« in dem schlichten, aber betö-

**Das erste
Beatles-Album
*Please Please Me***

*Please Please
Me*, vgl. S. 87f.

rend ungenierten Song, schaffte es die Nummer nur auf Platz 17 der englischen Charts. Doch schon mit ihrer zweiten Single *Please Please Me* eroberten die Beatles die Hitparaden. Ein weiterer Knaller war mit *I Saw Her Standing There* auf ihrem ersten Album enthalten. Mit der nächsten Single *From Me To You* gelang ihnen durch den strategischen Gebrauch des Personalpronomens eine direkte Ansprache an die Fans – ein künftiges Markenzeichen des Lennon/McCartney-Songwriting.

Pop und Provokation: Beliebter als Jesus (1963-1966)

Die Beatles wurden zum Symbol einer kulturellen Epidemie. Sie verkörperten 1963 ein Stück Rock-'n'-Roll-Rebellion, sie »waren der Stoff, aus dem Schreie gemacht wurden« (zit. n. Davies 1994, S. 152). Die hedonistische Hemmungslosigkeit des Liverpooler Quartetts sprengte alle gesellschaftlichen Grenzen. Ihre vierte Single *She Loves You* geriet zu einem der explosivsten Popsongs aller Zeiten: Wenn John und Paul hier bei dem hochfahrenden »Ooooooh«-Gesang ihre Köpfe vor dem Mikrophon zusammensteckten, mit jungenhaftem Grinsen ihre Pilzkopf-Mähnen schüttelten und den kathartischen »Yeah, Yeah, Yeah«-Refrain anstimmten, dann verbündeten sich Alltagssprache und Musik, Gefühlsüberschwang, sehnsüchtige Melodielinie und einpeitschender Rhythmus zu einer beängstigend aufreizenden Einheit. Aus einer Teenager-Popband entstand ein kulturelles Massenphänomen, dem Menschen aller Altersstufen, sozialen Schichten und Hautfarben verfielen. Der *Daily Mirror* prägte mit »Beatlemania« sofort das griffige Schlagwort für die neue musikalische Epidemie.

»Beatlemania«

Auch die nächste Beatles-Single *I Want To Hold Your Hand* besaß eine furchteinflößende Kraft. Das Stück entpuppte sich als Musterbeispiel für das fast telepathische Teamwork von John Lennon und Paul McCartney, die in diesen frühen Tagen so freundschaftlich miteinander verbunden waren wie in der Folgezeit wohl nie wieder. Sie saßen nebeneinander am Klavier und arbeiteten gemeinsam die energetische Struktur des Liedes aus: Während John die Gitarren-Riffs und die Vokal-Harmonien entwickelte, steuerte Paul den völlig unerwarteten h-Moll-Akkord nach G-Dur bei. Heraus kam ein Song, wie ihn die Welt bis dato nicht gehört hatte: halb Easygoing-Pop, halb fröhlich-frecher Rock 'n' Roller. Die dynamischen Kontraste besaßen eine perfekte Architektur. Kein Wunder, dass mehr als eine Million Vorbestellungen die Nummer beiderseits des Atlantiks zum Nr. 1-Hit machten. Endlich gelang den Beatles der Durchbruch in den USA. Und nicht allein der Dichter Allen Ginsberg glaubte damals, *I Want To Hold Your Hand* habe mit seinem naiven Sensualismus das gesamte amerikanische Leben umgekrempelt und eine neue Ära eingeleitet.

Allen Ginsberg

Doch zum »turning point« in der Karriere der Fab Four geriet ein einziges Konzert: Am 4. November 1963 sollten die Beatles in der »Royal Command Variety Performance« im Londoner Prince of Wales Theatre auftreten. Neben Marlene Dietrich und Burt Bacharach waren sie an diesem Abend einer von 17 Acts. Von Beginn an überrollte der Lärm kreischender Teenager wie eine Woge die Musik. Doch die anwesenden »Royals« – neben der Queen Mother noch Lord Snowdon und Prinzessin Margaret – schienen ebenso wie zahlreiche andere Vertreter des Adels ihren Spaß zu haben. Einen Moment lang wirkten sie irritiert, als John Lennon vor der letzten Nummer *Twist And Shout* die Ansage machte: »Auf den billigen Plätzen darf jetzt geklatscht werden, die anderen brauchen nur mit ihrem Schmuck zu klimpern.« (zit. n. The Beatles 2000, S. 105)

»... just rattle your jewellery«

Doch bei aller Provokation klang Lennons Aufforderung so augenzwinkernd respektlos, dass man ihm nicht wirklich böse sein konnte. Zu seinem Ruf eines unentwegten »working class hero«, der seine Herkunft aus der Liverpooler Unterschicht nie verleugnete, hat sie sicherlich beigetragen. Lennons Biograph Albert Goldman unterstellte ihm später, die Ansage aus Gründen der Selbststilisierung keineswegs spontan erfunden, sondern sorgfältig geplant zu haben. Englische

Zeitungen titelten jedenfalls am nächsten Tag voller Sympathie: »Beatles Rock Royals«.

Nach Tourneen durch ganz Europa folgte im Februar 1964 die erste Amerika-Tour der Beatles. Schnell machte das Schlagwort von der »British Invasion« die Runde, denn schon

auf dem Flughafen in New York wurden die Liverpooler von einer kreischenden Menschenmenge empfangen. Ein einziger Auftritt in der »Ed Sullivan Show« am 9. Februar vor rund 73 Millionen Zuschauern an den TV-Geräten genügte, um ein ganzes Land zu euphorisieren. Anschließende Konzerte in Washington und New York ließen die Fans tausendfach ausflippen. Zurück in England, drehte Richard Lester mit John, Paul, George und Ringo den ersten,

**»Beatlemania«
in den USA:
Fans außer Rand
und Band**

spontan wirkenden Beatles-Film *A Hard Day's Night*. Zwar war die Verfolgungsgeschichte nicht weiter der Rede wert, doch die Bilder besaßen ein zeitgemäßes Tempo und einen durchgeknallten Charme. Der Film wurde ein Riesenerfolg und spielte über Nacht 14 Millionen Dollar ein. Auch die deutsche Version *Yeah Yeah Yeah – Die Beatles* sorgte allenthalben für volle Kinosäle.

Freddie Lennon

Während der Dreharbeiten in den Twickenham Film Studios tauchte nach 18 Jahren plötzlich wieder Freddie Lennon, Johns schattenhafter Vater, mit der Bitte um finanzielle Hilfe auf. John weigerte sich zwar, mit ihm zu sprechen, er unterstützte ihn in der Folge des Zusammentreffens aber mit zwölf Pfund pro Woche. Freddie jedoch hatte bald entdeckt, dass sich aus seinem inzwischen populären Namen weit mehr Kapital schlagen ließ, und veröffentlichte im Januar 1965 eine

»Mr. Lennon ist die meiste Zeit seines Lebens ein Unterhalter im Amateur-Status gewesen.« (Die Plattenfirma Pye-Records in ihrem Werbetext zu Freddie Lennons Plattenveröffentlichung; zit. n. Harry 1992, S. 373)

Oft nicht zu
Hause: Freddie
Lennon

Single mit dem bezeichnenden Titel *That's My Life (My Love
And My Home)*, nachdem er seine geschönte Lebensgeschich-
te zuvor schon in diversen Magazinen vermarktet hatte.
Die Songwriter-Fähigkeiten von Lennon / McCartney hatten
sich inzwischen so verfeinert, dass auf ihrem dritten Album *A
Hard Day's Night* (1964) keine Fremdkompositionen mehr
Platz fanden. Stattdessen triumphierten lässige Ohrwurmlie-
der wie *I Should Have Known Better* oder *Things We Said Today*. Mit *I'm A Loser* übernahm Lennon auf dem nächsten
Beatles-Album *Beatles For Sale* intuitiv den Tonfall seines damaligen Idols Bob Dylan. Halb autobiographisches Bekenntnis, halb ironisches Spiel, fühlte sich John im wirklichen
Leben mal als ein Verlierer, mal als Allmächtiger. Die im
November veröffentlichte Lennon-Komposition *I Feel Fine*
schien dagegen von einem optimistischen Grundton getragen. Signifikant war hier das legendäre Intro, in dem John bei
der Aufnahme eine Rückkoppelung mit seiner Gitarre produzierte, die aber perfekt mit Pauls angeschlagener A-Saite har-
monierte und einen bis dato unerhörten Klangeffekt schuf.
Ob zufällig oder mit Vorsatz erzeugt, es war das erste Feed-
back in einem Popsong, lange vor den Rückkoppelungsfines-
sen von The Who oder Jimi Hendrix. Eine weitere Neuerung
gelang John mit der nächsten Single *Ticket To Ride*. Von ihm
als »eine der ersten Heavy-Metal-Aufnahmen« charakterisiert
(zit. n. Turner 1994, S. 80), läutete es mit seinem surrealen Text
und massivem Sound eine neue Ära des Popsongs ein. Der

I'm A Loser,
vgl. S. 89 f.

Feedback-
Premiere

Heavy Metal

Sänger versuchte entgegen allen Konventionen von Love-Songs eben nicht mehr, das Mädchen aufzuhalten, das ihn verlassen wollte. Dieses Stück Popgeschichte – der erste Beatles-Song mit mehr als drei Minuten Länge – atmete eine fast unwirkliche, passive Atmosphäre und avancierte dennoch weltweit zu einem Nr. 1-Hit. Der Titel ging auf ein Erlebnis des manischen Sprachspielers Lennon zurück: Mit McCartney zusammen hatte er nicht lange zuvor mit der Fähre von Portsmouth das kleine Städtchen Ryde auf der Isle Of Wight besucht.

Täglicher Wahnsinn Solche subtilen Stücke waren natürlich im kreischenden Chaos der Beatles-Konzerte live auf der Bühne kaum noch reproduzierbar. Die Musiker konnten sich vor lauter Schreien selbst nicht mehr hören. Lennon zweifelte langsam an den Segnungen des Ruhms. Ausflüge in der Stadt waren längst nur noch unter Polizeischutz möglich, Hotels mussten hermetisch vor den Fans abgeriegelt werden. So ließ sich sein Lied *Help*, **Help,** **vgl. S. 90 f.** Titeltrack des gleichnamigen Albums (1965) und Films, auch als wirklicher Hilfeschrei verstehen. Dieser um Erlösung bettelnde Song mit seiner treibenden Direktheit stand auf beiden Seiten des Atlantiks wochenlang auf dem Spitzenplatz der Charts. In einem weiteren Song des *Help*-Albums – wieder eine Hommage an die Instrumentierung und den Gesangsstil Dylans – ging Lennon mit seiner Selbstblockade ins Gericht: *You've Got To Hide Your Love Away* erzählt vom öffentlichen Zwang, seine innersten Empfindungen zu verbergen.

Im krassen Gegensatz zur neuen Ernsthaftigkeit der Beatles geriet ihr zweiter Kinofilm *Help* – in peinlichem Witz-Deutsch *Hi-Hi-Hilfe* – zu einem kuriosen Klamauk. Weder die Band noch die Zuschauer wussten, um was es eigentlich geht – sieht man einmal von der dümmlichen Story um einen verschwundenen Ring ab. Noch vor der Premiere des Streifens setzten sich die Beatles zwischen alle Stühle: Das britische Establishment regte sich ebenso auf wie die Mehrzahl der Fans, als die **M.-B.-E.-Orden** Fab Four mit dem Orden »Member of the British Empire« (M. B. E.) für ihre Verdienste um Großbritannien geehrt werden sollten. Während konservative Ordensträger den Untergang des Abendlandes witterten, begriffen nicht wenige

Beatles-Fans diese Auszeichnung als Verrat an den ehemals rebellischen Absichten der Band.

Die größten Probleme mit der Ordensannahme bekam zweifellos Lennon. Hatte er vorher noch gehöhnt: »Ich dachte man bekäme diesen Orden nur, wenn man Panzer fährt und Kriege gewinnt«, so fühlte er sich tief getroffen und in seiner Selbstsicherheit erschüttert, als aus Protest gegen seine Ehrung frühere M.-B.-E.-Träger ihre Orden zurückschickten. Der Vorfall beschäftigte den Sänger, der sich gern zum *Working Class Hero* stilisierte, noch jahrelang. Der französischen Zeitung *L'Express* gegenüber beteuerte er im März 1970 nicht ohne Häme, dass man vor der Ordensverleihung im Buckingham Palace erst einmal ein Pfeifchen Marihuana geraucht habe. Diese späte Verächtlichmachung wurde für Johns proletarisches Selbstwertgefühl enorm wichtig: »Die Ordensannahme war ein Ausverkauf für mich.« Später schickte er die Auszeichnung an die Queen zurück: »Ich gebe diesen M.-B.-E.-Orden aus Protest gegen das britische Engagement in Nigeria-Biafra, aus Protest gegen unsere Unterstützung der USA im Vietnam-Krieg und aus Protest gegen den Hitparadenabstieg von *Cold Turkey* zurück. Mit lieben Grüßen, John Lennon.« Auch der Premierminister erhielt diesen Brief, und er wird ebenso irritiert gewesen sein wie Tante Mimi: »Mit dieser Aktion hat er mir das Herz gebrochen.« (zit. n. Harry 1992, S. 445) Doch bei aller anti-bürgerlichen Bemühung um Distanzierung konnte Lennon die Tatsache der Auszeichnung nicht mehr rückgängig machen.

Schon mit seiner ersten Buchveröffentlichung *In His Own Write* hatte er sich als begabter Literat etabliert, und auch die anderen Beatles waren inzwischen – nicht nur in künstlerischen Dingen – selbstbewusster geworden. Im Sommer 1965 begannen sie erstmals gegen das rigide Management von Brian Epstein mit seinen Terminhäufungen zu protestieren. Sie feierten zwar mit ihren Auftritten in der »Ed Sullivan Show« und dem New Yorker »Shea Stadium« kommerzielle Triumphe in den USA, doch die Oberflächlichkeit dieser Auftritte und die fehlenden Möglichkeiten zu differenzierter Live-Musik frustrierten vor allem John nachhaltig.

Working Class Hero, vgl. S. 63 u. S. 100 f.

Vgl. S. 58

Vgl. S. 116 f.

»Ich verbringe Stunden in Umkleidekabinen und so weiter und denke an die Zeit, die ich damit verschwende, anstatt bei Julian zu sein und mit ihm zu spielen. Du weißt, ich denke gern an die verdammte Zeit zurück, als ich herumsitzen und eine beschissene Tageszeitung lesen konnte, während er bei uns ist. Und ich denke, dass alles falsch gelaufen ist! [...] Ich höre jetzt auf, weil ich mich nur selbst herunterziehe, wenn ich darüber nachdenke, was für ein gedankenloser Scheißkerl ich doch bin.« (John Lennon an seine Frau Cynthia im Sommer 1965; zit. n. Moers u. a. 2000, S. 345 f.)

Zurück in England, begannen Lennon / McCartney mit der Arbeit an einem neuen Album. John wollte die Oberflächlichkeit des *Help*-Films vergessen machen. Mit *Rubber Soul* (1965) – der Titel ist ein Wortspiel aus »Gummisecle« und »Gummisohle« – gelang ihnen ihr bisher stärkstes Album: ein popmusikalisches Kunstwerk. Es enthielt mit *Norwegian Wood* – hauptsächlich von Lennon verfasst – den ersten Song, in dem, ganz seinem Vorbild Dylan getreu, die textliche Botschaft ins Zentrum rückte. Die Geschichte über einen One-Night-Stand bezauberte durch ihre poetische Indirektheit. Während John in *Girl* die Liebe vom Standpunkt einer Fliege aus besang, die sich im Netz der Leidenschaften verfangen hat, kreierte er mit *In My Life* den gefühlsmäßig wohl stärksten Song der Platte. In einer Reihe mit Selbstzweifel-Songs wie *I'm A Loser* oder *Help* stand auch Lennons Introspektion in *Nowhere Man*. Der Text erzählt von den Schmerzen der Identitätsbildung und der Sehnsucht nach Anerkennung. Lennon selbst – so gestand er später dem Beatles-Biographen Hunter Davies – fühlte sich als *Nowhere Man*, als jemand, dessen Persönlichkeit im Nirgendwo verschwunden war.

In My Life, vgl. S. 91 f.

Im April 1966 traf man sich in den Abbey Road Studios mit stark erweitertem Interessenhorizont zu ersten Aufnahmen für das neue Album *Revolver*. Harrison machte aus seiner Begeisterung für indische und elektronische Musik keinen Hehl, McCartney war stark an Film und moderner Malerei interessiert, und Lennon experimentierte mit Drogen, vor allem mit der neuen, bewusstseinserweiternden Substanz LSD. Anfang

1966 soll John zum dritten Mal einen Trip eingeworfen haben, und er versuchte die psychedelischen Erfahrungen in einem Song nachzuvollziehen. Heraus kam *Tomorrow Never Knows* – der Titel war eine Antwort Ringos auf die damals gängige Hippie-Maxime »tomorrow never comes«.

Tomorrow Never Knows, vgl. S. 92 f. und S. 134

Noch in einem anderen Lennon-Song auf dem *Revolver*-Album ging es um das Hinübergleiten in hellwache Tagtraum-Zustände: *I'm Only Sleeping* feierte das Bett als Liebesnest und Höhle, in dem der Autor mühelos die Realität verschwimmen lassen konnte. Man darf dieses Stück als Hinweis darauf lesen, dass John sich im ehemals verschworenen Männerbund der Beatles nicht mehr aufgehoben fühlte, keinen existentiellen Halt mehr in der Freundschaft der Kumpels aus alten Tagen fand.

> »Mich interessiert momentan weder Schreiben, Lesen, Ausgehen oder Reden. Sex ist vielleicht das Einzige, was mich noch reizen könnte.« (John Lennon in einem Interview mit dem *London Evening Standard*; zit. n. Thomson / Gutman 2004, S. 74)

Revolver enthielt mit der Politikerschelte *Taxman* oder dem melancholischen *Eleanor Rigby* über das einsame Sterben einer alten Jungfer wegweisende Songs, die die Beatles in eine neue Liga der Popschreiber katapultierten. Auch die berühmte Schwarz-Weiß-Zeichnung des Plattencovers, die von dem Hamburger Grafiker und Bassisten Klaus Voormann stammte, unterstrich den visionären Charakter der Aufnahmen. Auf der nachfolgenden Tournee machten die Beatles erneut die Erfahrung, dass die neuen komplexen Songs inmitten des Live-Tumults einfach nicht mehr aufzuführen waren. Auch fürchteten sie, durch die ständige Reproduktion simpler Stücke aus den Anfängen musikalisch zu regredieren. Als sie dann vom 24. bis zum 26. Juni 1966 auf der »Bravo-Beatles-Blitztournee« zum ersten und einzigen Mal

Klaus Voormanns wegweisendes Plattencover von *Revolver*

»Bravo-Beatles-Blitztournee«

für einige Konzerte in die Bundesrepublik kamen, waren die Fans trotzdem außer Rand und Band. Nach ihren beiden Auftritten in München kam es vor der Essener Grugahalle und der Ernst-Merck-Halle in Hamburg zu Straßenschlachten zwischen aufgestachelten Fans und Ordnungshütern. Musikalische Triumphe konnten die Beatles in diesen Konzerten nicht feiern. Richtig schlimm aber wurde es in Japan, als man ihnen vorwarf, die Nippon Budokan Hall in Tokio durch ihren Lärm zu entweihen. Angeblich gab es Attentatspläne rechtsradikaler Studenten. Unter Polizeischutz bezogen die Liverpooler ihr Hotel und gaben allen Warnungen zum Trotz fünf Konzerte. Anschließend folgte ein handfester Skandal auf den Philippinen: Trotz begeisternder Konzerte vor mehr als 80 000 Besuchern im Rizal Memorial Football Stadium verscherzten sie es sich mit der Öffentlichkeit, als sie wegen eines zu engen Terminplans eine Einladung der Präsidentengattin Imelda Marcos ausschlugen. Ihre Weigerung, die geltungssüchtige Frau des Diktators zu treffen, machte die

Freiwild auf den Philippinen Beatles zu Freiwild: Beim Verlassen des Hotels wurden sie von einem wartenden Mob körperlich attackiert.

Und der Ärger ging weiter. Im Sommer 1966 gab es Krach mit der amerikanischen Plattenfirma Capitol Records, weil die Beatles in unkluger Provokation auf dem Cover der US-Ausgabe von *Revolver* in Metzgerkleidung mit blutigen Puppen und Fleischstücken posierten. Inzwischen waren in den bigotten USA jener Jahre auch weitere Auszüge aus Lennons

Berühmter als Jesus? »Jesus-Interview« erschienen, das er der befreundeten Journalistin Maureen Cleave vom *London Evening Standard* am 4. März 1966 gegeben hatte. Seinen Vergleich mit dem Gottessohn wertete man als Blasphemie. Mehr als 30 Radiostationen riefen zu einem nationalen Beatles-Boykott auf. Epstein wollte gegen eine Konventionalstrafe die US-Tournee seiner Schützlinge am liebsten stornieren. Doch die gaben nicht klein bei. Gleich nach ihrer Ankunft auf dem Chicagoer Flughafen entschuldigte sich Lennon in einer Pressekonferenz für eventuelle Missverständnisse: »Also wissen Sie, ich habe nicht behauptet, dass die Beatles besser oder größer als Jesus Christus wären. Ich vergleiche uns nicht mit Jesus als Person oder

»Das Christentum wird abtreten. Es wird schrumpfen und verschwinden. Das brauche ich nicht weiter zu belegen; ich habe recht, und die Zukunft wird es zeigen. Wir (die Beatles) sind jetzt beliebter als Jesus; ich weiß nicht, was zuerst von der Erdoberfläche verschwindet – Rock 'n' Roll oder das Christentum. Jesus war in Ordnung, aber seine Apostel waren beschränkt und gewöhnlich. Ihre Verdrehungen sind es, die mir die ganze Sache verleiden.« (John Lennon in seinem skandalträchtigen Interview mit dem *London Evening Standard*; zit. n. Moers u. a. 2000, S. 377)

mit Gott als Wesen oder was immer er sein mag. Ich habe nur einfach gesagt, was ich gesagt habe, und es war verkehrt oder falsch aufgefasst, und jetzt haben wir diesen Aufruhr. Als ich dieses Gespräch führte, unterhielt ich mich ganz persönlich mit jemandem, den ich kannte – zufällig war es eine Reporterin –, und ich drückte mich nun einmal so aus, weil ich gerade einiges über das Christentum gelesen hatte und zu gewissen Schlussfolgerungen gelangt war. Nur äußerte ich mich dabei auf einfachste Weise und ganz unbefangen, wie ich eben normalerweise spreche. Es tut mir leid.« (zit. n. Moers u. a. 2000, S. 401)

Trotz dieser bußfertigen Entschuldigung kochte die amerikanische Volksseele: Radiosender riefen zur öffentlichen Verbrennung von Beatles-Platten, -Fotos und -Andenken auf. Umgekehrt bezog vor allem Lennon öffentlich Stellung gegen den Vietnam-Krieg. Das inkriminierte Cover mit den Metzger-Posen der Beatles beschrieb er als »genauso wichtig wie Vietnam«. Es gab Aufmärsche des Ku-Klux-Klan vor den Konzerthallen, und in Memphis wurde während des Auftritts der Beatles ein Knallkörper gezündet, der allen einen Heidenschrecken einjagte. Nach ihrem Konzert in San Francisco am 29. August 1966 erklärten die Fab Four ernüchtert, nie mehr auf Tournee gehen zu wollen.

Krawalle in den USA

Wie ich den Krieg gewann:
Private und öffentliche Kämpfe (1966-1970)

Nach dem Ende der Live-Auftritte pflegte jeder Beatle erst einmal seine persönlichen Vorlieben. Während Harrison nach Indien flog und McCartney eine Filmmusik komponierte, drehte Lennon in Spanien und Deutschland unter der Regie von Richard Lester den absurden Anti-Kriegsfilm *How I Won The War* (*Wie ich den Krieg gewann*) – sein Solo-Film-Debüt. »Ich war geschmeichelt. Das Ego brauchte neue Nahrung, da

How I Won The War, vgl. S. 108 ff.

Als Gefreiter Gripweed in *Wie ich den Krieg gewann*

die Beatles eine Art Kreuzweg erreicht hatten.« (zit. n. Henke 2003, S. 25) Nach dem Ende der Dreharbeiten war Lennon zu einem erklärten Pazifisten geworden und trug stolz die Friedensrune, das Abzeichen der Atomwaffengegner, zur Schau. Das wagte damals kein anderes Bandmitglied der Beatles – Brian Epstein hatte ihnen immer geraten, sich aus der Politik herauszuhalten. Nach der Premiere am 18. Oktober 1967 fielen die Reaktionen der Weltpresse kontrovers aus: Während z. B. die *New York Times* einen Verriss brachte und Lester vorwarf, er habe nicht verstanden, dass »Krieg niemals lustig ist«, applaudierte der *New Statesman* dem »wunderbaren Nonsens« des Films.

> »Ich hasse den Krieg. Der Krieg in Vietnam samt allem, was dort passiert, hat mich zu dieser Überzeugung gebracht. Wenn es wieder Krieg gibt, dann ohne mich – und wenn man die jungen Leute zum Kämpfen auffordert, werde ich aufstehen und ihnen sagen, dass sie es nicht tun sollen.« (John Lennon über seinen Pazifismus; zit. n. Henke 2003, S. 25)

Als Lennon im September 1966 von seinen Dreharbeiten in Spanien nach London zurückkehrte, hatte er eine Songskizze im Gepäck, die sich zu seiner visionärsten Tondichtung auswachsen sollte. Es war nicht nur George Martin klar, dass ein Lied wie *Strawberry Fields Forever* niemals öffentlich gespielt werden würde, dazu war es viel zu komplex. Als neues Musik-

Strawberry Fields Forever, vgl. S. 93 ff.

instrument entdeckten die Beatles, allen voran John und Paul, jetzt das Aufnahmestudio. Lennon befand sich in einer zutiefst verwirrenden Phase seines Lebens. Der öffentliche Ruhm der Beatles machte ihm mehr und mehr zu schaffen, die Vergötterung durch die Fans empfand er als repressiv. Alles schien ihm zu entgleiten: die Band, seine Ehe mit Cynthia, sein Selbstwertgefühl. Dazu kamen extensive Drogenexperimente. Auch seine spirituellen Sehnsüchte konnte er kaum befriedigen.

In eine weitere existentielle Gleichgewichtsstörung geriet Lennon, nachdem er am 9. November, kurz vor Beginn der *Strawberry*-Aufnahmen, erstmals in der Londoner »Indica Art Gallery« der Fluxus-Künstlerin Yoko Ono begegnet war – einer zierlichen Frau mit langem, dichtem schwarzen Haar. Sie startete dort drei Tage später ihre Ausstellung *Unfinished Paintings And Objects*. In New York hatte sie sich bereits durch Happenings und ihre »irrational art« einen Namen gemacht. Man konnte bei ihr z. B. eine *Sky Machine* für 1500 Dollar bestellen, die *nichts* machte, wenn man eine Münze einwarf, oder eine Tonbandaufnahme vom Schneefall in der Dämmerung. Vom ersten Moment an musste Lennon in Yoko Ono eine Seelenverwandte gesehen haben, die seine eigene »phantastische« Seite repräsentierte und ihm neue kreative Impulse verleihen konnte.

Begegnung mit Yoko Ono

Sechs Jahre älter als John, war Yoko Ono – der Vorname bedeutet »Ozeankind« – am 18. Februar 1933 als Tochter eines prominenten Bankers in Tokio geboren worden. Als sie zweieinhalb Jahre alt war, ging die Familie nach San Francisco und kehrte nach Beginn des Zweiten Weltkriegs 1943 nach Tokio zurück. Während der Bombardements durch die Amerikaner musste die Familie aufs Land flüchten. Dennoch blieb Yoko von den Härten des Krieges weitgehend verschont. Als sie 18 war, hatte sich die Familie gesellschaftlich wieder etabliert, und ihr Vater wurde zum Vorsitzenden der Bank of Tokyo in New York ernannt. Yoko besuchte neben der Harvard University's Summer School das renommierte Sarah Lawrence College, wo sie sich drei Jahre hauptsächlich dem Philosophiestudium widmete. Das änderte sich jedoch bald schlagartig: Sie verliebte sich in den jungen japanischen Komponisten Toshi Ichiyanagi und zog mit ihm im Greenwich Village zusammen. Gegen den Willen ihrer Familie heiratete sie ihn, und gemeinsam tauchte man in die Welt der Avantgarde-Kunst (experimentelle Musik, Malerei, Dichtung) ein. 1961 trennte sich das Paar. Ono schloss sich der »Fluxus«-Bewegung an, einem losen Zusammenschluss von Avantgardisten, die die Grenzen zwischen den einzelnen Künsten zu überschreiten suchten und so die Differenz zwischen Kunst und Alltag tendenziell aufheben wollten.

> »Stelle dir tausend Sonnen gleichzeitig am Himmel vor. Lass sie für eine Stunde scheinen. Dann lass sie langsam am Himmel schmelzen. Mach dir ein Thunfisch-Sandwich und iss es.« (Yoko Ono in ihrem Buch *Grapefruit*; Ono 2000, S. 62)

Sie freundete sich mit dem Jazzmusiker und Filmemacher Anthony Cox an, und am 8. August 1963 wurde ihr gemeinsames Kind Kyoko geboren. Im darauf folgenden Jahr veröffentlichte Yoko in einer Auflage von 500 Exemplaren ihr Buch *Grapefruit*, eine Sammlung von »instructional poems«. Da sich bei Yoko Ono Musik hauptsächlich in der Vorstellungswelt ihres Kopfes abspielt, gibt es auch wiederholt *Pieces for Orchestra*. Eins lautet: »Schlage mit deinem Kopf gegen eine Mauer.«

Yoko Onos Grapefruit

Yoko Ono hatte von den Beatles nie gehört und wusste auch nicht so recht, was sie sagen sollte, als der Galerist John Dunbar sie bat, ein paar Worte mit dem Unbekannten zu wechseln. Lennon beschrieb später ihr schicksalhaftes Zusammentreffen: »Ich schaute mir gerade interessiert ein Exponat mit dem Titel *Hammer und Nagel* an: ein Brett, ein Hammer und ein paar Nägel darauf. Ich sagte: ›Wie ist das, kann ich einen Nagel einschlagen?‹ Und sie antwortete: ›Nein.‹ Da nahm Dunbar sie ein wenig zur Seite und erklärte ihr: ›Weißt du nicht, wer das ist? Das ist ein Millionär.‹ Sie kannte mich nicht, kam aber herüber und sagte: ›Du kannst einen Nagel einschlagen – für fünf Shilling.‹ Ich sagte: ›Wie bitte?‹, gab ihr eine imaginäre Fünf-Shilling-Münze, und schlug einen imaginären Nagel ein. Ok? Und da hat es gefunkt. Aber das Ganze passierte fast zwei Jahre bevor wir dann wirklich ein Paar wurden.« (zit. n. Harry 1992, S. 325)

Yoko Ono war von dem selbstbewusst auftretenden Beatle

fasziniert, sie rief ihn zu Hause an, schrieb ihm Briefe und verrückte kleine Karten, diskutierte mit ihm über Avantgarde-Kunst und schenkte ihm ihr *Grapefruit*-Buch. Cynthia Lennon erinnert sich: »Eines Morgens zeigte er mir beim Frühstück einen Zeitungsartikel. Er befasste sich mit der japanischen Künstlerin Yoko Ono, die einen Film gedreht hatte, der nur aus Nahaufnahmen nackter Hintern bestand. ›Cyn, schau dir das an, das ist doch ein Witz. Jesus, was denn noch alles? Das kann sie doch nicht ernst meinen.‹ Wir lachten und schüttelten den Kopf. […] Wir sprachen erst wieder über Yoko Ono, als ich John eines Abends beim Lesen im Bett fragte, was er denn da für ein Buch habe. Es hieß *Grapefruit*, war ziemlich klein und dünn, und John meinte: ›Ach, das hat mir diese komische Künstlerin geschickt.‹« (C. Lennon 2005, S. 253)

Während *Strawberry Fields Forever* und Paul McCartneys sonnig-optimistischer *Penny-Lane*-Song – das lebensfrohe Lied ist nach einer Autobus-Haltestelle in Liverpool benannt – als nächste Single-Veröffentlichungen der Beatles geplant waren, arbeitete man im Dezember 1966 mit Hochdruck an einem neuen Album. Die überraschende Tatsache, dass beide Stücke nicht auf Platz eins der englischen Charts schossen – hier rangierte Engelbert (Humperdinck) mit seiner Edelschnulze *Please Release Me* – warf in der Musikpresse die bange Frage auf: »Die Beatles am Ende?« Unter größter Geheimhaltung gewann das neue Projekt Kontur. Paul McCartney erklärt die konzeptionelle Idee: »Ich dachte, es wäre doch ganz nett, unsere Identitäten zu verlieren, unterzutauchen in den Figuren einer erfundenen Band.« (zit. n. MacDonald 2000, S. 252)

Der musikalische und poetische Reichtum des Konzeptalbums *Sgt. Pepper's Lonely Hearts Club Band* (1967) ist kaleidoskopisch: die Vielfalt der Klangfarben, der Reichtum der Instrumentierung, die technischen Finessen und die oft surreale Sprachmächtigkeit der Texte. Die meisten Songs erzählen keine Geschichte mehr, sondern folgen einem »stream-of-consciousness«, in dem sich die Partikel des Bewusstseinsstroms – ähnlich wie in der modernen Literatur – zu immer wieder neuen Bildern verdichten. Ein Paradebeispiel dafür ist der

A Day In The Life,
vgl. S. 95 ff.

Lennon-Song *A Day In The Life*. Auch die anderen Stücke liegen weit über dem Durchschnitt der bisherigen Beatles-Kompositionen: die »elektrische Manege« von *Being for the Benefit of Mr. Kite* lässt ein viktorianisches Plakat des »Pablo Fanque's Circus Royal« von 1843 musikalisch wieder aufleben. Im Schwindel erregenden Kreiseln von Spieluhr und Dampf-pfeifenorgel erzeugt Lennon die burlesk aufregende Aura einer Zeltvorstellung mit Pferden und Seiltänzern, in der das Sägemehl förmlich zu riechen ist.

Von einer Zeichnung, die sein Sohn Julian von einer Klassen-kameradin (Lucy O'Donnell) mit nach Hause gebracht hatte, ließ sich John zu *Lucy In The Sky With Diamonds* anregen. Die rauschhafte, fast kosmische Atmosphäre des Lieds legt den Verdacht nahe, die Substantive des Titels seien mit ihren Anfangsbuchstaben nur ein verschlüsselter Verweis auf die damals beliebteste bewusstseinserweiternde Droge. Lennon hat später wiederholt erklärt, der streckenweise halluzinatorische Text mit seinen glitzernden Klangstrudeln sei nachhaltig von Lewis Carrolls Wortspielereien in *Alice hinter den Spiegeln* beeinflusst.

Der innovative musikalische Gehalt des Albums fand seine kongeniale Entsprechung in der Covergestaltung des Künstlers Peter Blake, der die Beatles in grellbunten Seidenuniformen inmitten einer illustren Foto-Collage von Filmstars, Malern, Sportlern, Musikern usw. zeigt. Selbst ihre eigenen Wachsfiguren aus dem Jahr 1965 sind Bestandteil des fiktiven Publikums. Als das Konzeptalbum am 1. Juni 1967 erschien, spürte jeder, dass hier etwas Besonderes passiert war. Man glaubte Zeuge eines kulturellen Blitzschlags zu sein. Jedem war klar, dass die Beatles mit ihrem »spiritus rector« John Lennon hier den Gipfel ihrer Kreativität erreicht hatten. Rückblickend muss man festhalten, dass kein anderes Album der Popgeschichte den Zeitgeist der späten Sechziger so perfekt ausgeleuchtet hat wie *Sgt. Pepper*.

Obwohl die Beatles nach diesem Jahrhundertwerk fast mythisch verklärt wurden, machten sich erste Risse in der Fassade der verschworenen Bandgemeinschaft bemerkbar. Der ursprünglich auf Freundschaft basierende Männerbund hatte

sich zum profanen Arbeitszusammenhang inzwischen auto-
nomer Individuen gewandelt. Die persönlichen Interessen jedes einzelnen Beatle rangierten neuerdings vor dem Bandge-
danken. Neben John hatten auch George und Ringo jetzt Familien. Harrison suchte Erleuchtung in indischen Ragas und
Meditation. Während John mit sich selbst und seinen famili-
ären Verpflichtungen kämpfte – der Gedanke an die exzentri-
sche Konzeptkünstlerin aus Japan ließ ihn nicht mehr los –,
spürte McCartney intuitiv, dass der Zusammenhalt der Band
zu zerbrechen drohte. Ihm schwebte das Projekt einer *Magical Mystery Tour* vor, eine Art »Underground-Roadmovie« in
bester Hippie-Manier. Die kollektive Arbeit an diesem ambi-
tionierten Projekt hätte als Gemeinschaftstherapie sicherlich
hilfreich sein können. Als Kultband der Flower-Power-Bewe-
gung lieferten die Beatles jedoch zuvor mit *All You Need Is
Love* eine globale Versöhnungshymne. Live per Satellit in 24
Länder übertragen, festigten Lennon & Co. mit diesem bei
aller textlichen Naivität musikalisch hochkomplexen Stück
ihren Ruf als Sendboten des »Summer Of Love«.
Kurz bevor die Arbeit am *Magical-Mystery-Tour*-Film begann,
geschah eine Katastrophe. Brian Epstein, verlässlicher Wegge-
fährte und gewiefter Manager der Beatles seit ihren Anfängen,
wurde am 27. August 1967 tot in seiner Wohnung aufgefunden. Dass er mit der Entscheidung der Fab Four, nie mehr auf
Tournee zu gehen, seine Hauptaufgabe verloren hatte und ihn
zudem seine öffentlich immer unterdrückte Homosexualität
quälte, mochte dazu beigetragen haben, dass Epsteins Al-
kohol- und Tabletten-Konsum in den Wo-
chen vor seinem Tod sprunghaft angestie-
gen war. Er starb an der unbeabsichtigten
Überdosis eines Beruhigungsmittels.
Ausgerechnet während eines Wochenend-
seminars beim Meditations-Guru Maharishi
Mahesh Yogi in Wales erfuhr das Quartett vom Tod seines langjährigen Vertrau-
ten. Allen voran John war tief erschüttert, hatte er in Epstein
doch jahrelang einen väterlichen Freund gesehen. Die Beatles
brachen ihren Aufenthalt in Bangor ab und kehrten nach

*Vier
selbst-
bewusste
Individuen*

*Du brauchst
nur Liebe*

*Tod von
Brian Epstein*

»Als wir dem Maharishi erklärten,
dass Brian tot ist, sagte er so etwas wie ›Oh, vergesst es einfach,
seid happy!‹. Dieser bekloppte Idiot.« (John Lennon über den Maharishi Mahesh Yogi; zit. n. Giuliano /
Giuliano 2005, S. 90)

Endlich den Guru gefunden: Mit dem Maharishi Mahesh Yogi

London zurück, nahmen aber wegen befürchteter Tumulte nicht an der Trauerfeier für Brian teil. Mit Epstein war ein weiteres Stück Bindekraft der Band verlorengegangen. Die Beatles versuchten ihre Trauer zunächst durch harte Arbeit zu kompensieren. Erstes Ergebnis war die surreale Lennon-Komposition *I Am The Walrus*. Trotz eines spektakulären Soundtracks floppte der wirr zusammengestückelte *Magical-Mystery-Tour*-Film, als er an Weihnachten 1967 von der BBC ausgestrahlt wurde. Dabei hatte McCartney mit seiner Komposition *A Fool On The Hill* ein weiteres weltentrücktes Beispiel musikalischer Weisheit für den Film geliefert. John sprach später vom »teuersten Heimkino aller Zeiten« und machte Paul insgeheim für das Desaster verantwortlich.

I Am The Walrus, vgl. S. 97 f.

1968 wurde für die Beatles ein zerrissenes Jahr. Zunächst flog das Quartett mit Ehefrauen, einigen Freunden und Freundinnen im Februar nach Rishikesh in Indien, um sich gemeinsam vom Maharishi Yogi in »Transzendentaler Meditation« (TM) unterweisen zu lassen. Zwei bis drei Monate sollte der Aufenthalt dauern. Doch der Trip endete schon bald im Eklat. Ringo verließ bereits nach elf Tagen wegen des schlechten Essens den Ashram am Fuße des Himalaya – »Ich fühlte mich wie in einem Ferienlager«. Die anderen Beatles spürten ebenfalls schnell, dass sich hinter der Fassade sanfter Spiritualität ein

Beim Yogi in Indien

»Er sprach davon, die Botschaft um die Welt zu tragen und sein Leben der Meditation zu widmen.« (Cynthia Lennon in ihrem Erinnerungsbuch *John*; C. Lennon 2005, S. 267)

durchaus menschlicher Maharishi mit einer Menge Fehlern verbarg. Als er dann unverhohlenes Interesse an der ebenfalls anwesenden Filmschauspielerin Mia Farrow bekundete und dabei seine Lehrer-Rolle schamlos ausnutzte, waren auch John, Paul und George vom transzendentalen Zauber des Guru kuriert.

John kämpfte während des Indien-Aufenthalts im Beisein seiner Frau Cynthia mit einem besonderen Problem. Bereits während der Studiosession zum Rock-'n'-Roll-Erfolg *Lady Madonna* hatte Lennon den tranceartigen Song *Across The Universe* aufgenommen – er erschien dann erst auf dem letzten Album der Beatles *Let It Be*. Dennoch enthält die eher matte Beschwörung die aufschlussreiche Zeile: »Thoughts meander like a restless wind inside a letterbox.« Sie kann als versteckter Hinweis auf Lennons mentale Verfassung in jenen Tagen gelesen werden. Denn er wartete sehnsüchtig auf Nachrichten von Yoko Ono, zu der er sich mehr und mehr hingezogen fühlte. Cynthia Lennon erinnert sich wehmütig an die Wochen in Indien: »Was ich nicht wusste: Jeden Morgen lief er zum Postamt und schaute nach, ob er einen Brief von Yoko bekommen hatte. Sie schrieb ihm fast täglich.« (C. Lennon 2005, S. 273) Von ihrem Mann Tony Cox hatte Yoko sich inzwischen getrennt. Unter den Texten, die sie an John schickte, waren auch ihre poetischen Schriften *Sky Event For John Lennon* und *John Lennon As A Young Cloud*. Die zentrale Botschaft beider Manuskripte lautete: Zwei Künstlerseelen können eins werden, auch wenn sie durch Zeit und Raum getrennt sind.

Zudem festigte Yoko Ono in jenen Tagen ihren Ruf als wandlungsfähige Avantgardistin, als sie am 29. Februar 1968 den Free-Jazz-Innovator und Saxophonisten Ornette Coleman mit einer Stimmperformance in der Royal Albert Hall begleitete. Derweil schrieb Lennon in Indien auf einer Akustikgitarre die Songs *Dear Prudence*, der schüchternen Schwester von Mia Farrow gewidmet, und das anrührend naive *Child of Nature*. Aus diesem Lied – bis heute offiziell unveröffentlicht – wurde später mit neuem Text einer der eindringlichsten Lennon-Erfolge: *Jealous Guy*.

Jealous Guy, vgl. S. 64, S. 104 f. u. S. 133 f.

Für die Beatles war der Ausflug von befreiender Wirkung: Sie hatten ein wenig Abstand zum aufgedrehten »Swinging London« gewonnen und die Muße-Situation in Rishikesh kreativ genutzt, ihren Drogenkonsum eingeschränkt und mehr als 30 neue Songs geschrieben. Zurück in der englischen Hauptstadt, stürzten sie sich voller Elan in das nächste Platten-Projekt. Auch die Gründung der gemeinsamen, aber glücklosen Firma Apple Corps Ltd, ein Versuch, die künstlerischen und geschäftlichen Angelegenheiten (Platten- und Filmaufnahmen) der Gruppe zu ordnen und zu managen, fiel ins Frühjahr 1968. Mit Hilfe großer Anzeigen in den englischen Musikzeitschriften suchten die Superstars jetzt junge Talente aus der Unterhaltungsbranche für ihre gerade ins Leben gerufene Produktionsfirma. John erklärte auf einer Pressekonferenz in London: »Wir wollen eine Sache aufziehen, die nichts kostet, wo Leute einfach hingehen können, drauflosarbeiten, Aufnahmen machen und nicht zu fragen brauchen: ›Kriegen wir noch ein Mikro ins Studio, auch wenn wir noch keinen Hit hatten?‹« (zit. n. Moers u. a. 2000, S. 495) Kein Wunder, dass bei so viel menschenfreundlicher Naivität – keiner von den Beatles verstand wirklich etwas von geschäftlichen Dingen – sofort Tausende von Tapes mit Demo-Aufnahmen unbekannter »Künstler« eintrafen. Allein Mary Hopkin konnte später mit *Those Were The Days* einen veritablen Hit landen. Als John und Paul Mitte Mai nach New York flogen, um den amerikanischen Ableger ihrer neuen Produktionsfirma der Öffentlichkeit vorzustellen, annoncierten sie ihr neues Geschäftsmodell in der populären »Tonight-Show« vollmundig als Form eines »westlichen Kommunismus«.

Am 19. Mai – Cynthia war im Urlaub – lud Lennon Yoko Ono abends in sein Haus in Weybridge ein: »Ich dachte, ›Jetzt ist der richtige Moment, um sie näher kennen zu lernen.‹ Sie kam zu mir, und ich wusste nicht so recht, was ich machen sollte; also gingen wir rauf in mein Studio, und ich spielte ihr all die Tapes vor, die ich aufgenommen hatte, all das abgedrehte Zeug, Comedy-Sachen und auch etwas elektronische Musik«, erinnerte sich John später. Es handelte sich bei diesem Bandmaterial wohl vor allem um Geräuscheffekt-

Gründung der Firma Apple

Zuspielbänder für *Sgt. Pepper*. Jedenfalls war Yoko mit ihrem konzeptualistischen Kunstverständnis sofort vom experimentellen Geist der Aufnahmen fasziniert und sagte zu John: »Lass uns mal so ein Tape zusammen aufnehmen.« Stundenlang improvisierten die beiden mit Hilfe zweier Tonbandgeräte, mit denen Lennon Geräusche und Yoko Onos schrille Vokalismen aufnahm, überblendete und mixte. Die Aufnahmen erschienen später auf ihrem ersten gemeinsamen Album *Unfinished Music No. 1: Two Virgins*.

Vgl. S. 51 f.

Wie in einem Rausch spielten sich John und Yoko ihre Ideen zu. »Es war Mitternacht, als wir mit *Two Virgins* anfingen, und es dämmerte schon, als wir damit fertig waren. Dann haben wir in der Dämmerung miteinander geschlafen. Es war ganz wunderbar.« (alle Zit. n. Wenner 2002, S. 60 f.) Als Cynthia am nächsten Morgen von ihrem Griechenland-Urlaub mit Julian und ihrer Mutter zurückkehrte, sah sie John und Yoko beim Frühstück in der Küche sitzen. Yoko trug eins ihrer Kleider, und John begrüßte sie mit einem lauen »Oh, Hallo«. Cynthia wusste, dass ihre Ehe mit John zu Ende war, und rückblickend lässt sich die These formulieren, dass dies auch der Anfang vom Ende der Beatles war.

Zunächst begannen zehn Tage später, am 30. Mai, in den Abbey Road Studios die ersten Aufnahmen für das »Weiße Album«. Die insgesamt 33 Songs, viele davon wurden während des Indien-Aufenthalts geschrieben, demonstrierten eine neue Arbeitsweise der Band: Die Vier waren mit eigenen Songs zu den Aufnahmen erschienen. Man arbeitete nur noch partiell gemeinsam an einem Stück. Vor allem aber war es Lennons symbiotische Beziehung zu Yoko, die den Gruppengedanken der Beatles unterminierte. Immer häufiger war sie jetzt auch bei den Aufnahmen im Studio zugegen und machte allen Be-

> »Mich interessieren die Beatles einen Scheißdreck. Mich interessiert das Geld einen Scheißdreck. Mich interessiert der Ruhm einen Scheiß. Alles andere interessiert mich auch einen Scheißdreck. Ich werde mit Yoko zusammenleben – und wenn es in einem Zelt sein muss.« (John Lennon zu seinem Freund Pete Shotton; zit. n. Spitz 2005, S. 765)

teiligten klar: Ich und John sind jetzt enger zusammen als ihr alle miteinander.

Onos künstlerischer Einfluss ist besonders deutlich in der Ge-*Revolution* räusch-Collage *Revolution 9* spürbar. Während das rockige *Revolution 1* auf die Mai-Unruhen in Paris anspielt und sich sogar die Queen Mum in einem persönlichen Brief an die Beatles für den mitreißenden Elan dieses Songs begeistert, ist die experimentelle Version der *Revolution 9* ein Musterbeispiel elektronischer Zufallskomposition. Mehr als dreißig verschiedene Bandaufnahmen – ein Chor, rückwärts abgespielte Violinen, klingelnde Gläser, Applaus, Opernaufnahmen, rückwärts abgespielte Mellotron-Sounds, Summen, Satzfetzen, Schreie usw. – werden hier in einer Collage miteinander verblendet. Obwohl das Stück zunächst schwer verdaulich erscheint, hatte es als Versuch einer freien Klangassoziation, die sich allein aus dem Unterbewusstsein bildet, einen ungeheuren Effekt. Einmal mehr wurde Lennon in seiner künstlerischen Radikalität als Innovator gefeiert – dabei hatte McCartney bereits im Jahr zuvor mit seiner bis heute unveröffentlichten Free-Music-Collage *Carnival of Light* ein ähnlich kompromissloses Stück Geräuschkunst kreiert.

Obwohl das »Weiße Album« weltweit ein durchschlagender Erfolg wurde, wirkt es inkohärent und hat musikalisch über weite Strecken nichts Neues zu bieten. Läppische Liedchen (z. B. *Don't Pass Me By*) wechseln mit harmlos-netten Nummern wie *Op-La-Di, Op-La-Da* oder melancholischen Mitteilungen wie *Happiness Is A Warm Gun*. Es ist symptomatisch, dass weder ein Stück von Lennon noch eines von McCartney zum Höhepunkt des Albums wird, sondern eine Komposition von George Harrison: *While My Guitar Gently Weeps* mit einem Solo von Eric Clapton verströmt eine jubilierende Traurigkeit, die bis zum heutigen Tag nicht nur Gitarristen in ihren Bann schlägt.

John und Yoko traten jetzt auch in der Öffentlichkeit als Paar auf. Im Juni 1968 gruben sie in einer Kunstaktion vor der im Zweiten Weltkrieg von den Deutschen zerstörten Kathedrale von Coventry zwei Eicheln ein, um daraus Bäume wachsen zu lassen. Es wirkte wie ein symbolischer Abgesang auf die heil-

losen Illusionen der Vergangenheit, als Lennon kurz darauf Eine unbedingte
seinen berühmten, in psychedelischen Farben bemalten Rolls- Liebe: John &
Royce verkaufte. Obwohl die Beatles die Flower-Power-Ära Yoko
längst hinter sich gelassen hatten, trat der Zeichen-
trickfilm *Yellow Submarine* in seiner knallbunten
Ästhetik im Juli einen weltweiten Siegeszug an.
Der Cartoonist Heinz Edelmann, der für das deutsche Magazin *Twen* arbeitete, schuf eine märchen-
hafte Bilderwelt, in der die Zeichentrickfiguren
der Beatles die Sgt.-Pepper-Band befreien und die
gegnerischen, Musik hassenden »Blue Meanies«
verjagen. Richtig begeistern konnten sich die Beatles nie für diesen Film, und auch ihr dazu erschie-
nenes Soundtrack-Album war nicht mehr als eine
gutgemeinte Kompilation.

Johns und Yokos erster experimenteller *Film No. 5 (Smile)* ent- *Film No. 5*
stand im August im Garten von Johns Haus in Weybridge. *(Smile)*,
Während die gedemütigte Cynthia Lennon am 22. August ei- vgl. S. 110
ne Klage gegen John wegen Ehebruchs einreichte und eine
Schadenersatzsumme von 100 000 Pfund forderte, gingen
John und Yoko zwei Tage später in die Offensive: In der Fern-
sehsendung »David Frost Show« bekannten sie sich ohne
Scheu zu ihrer großen Liebe. Doch sie blieben angreifbar: Als
Mitte Oktober bei einer Polizeirazzia in der Wohnung der
beiden Drogen in geringen Mengen gefunden wurden, erklärte John die beschlagnahmten Rauschmittel als sein Eigen-
tum, um die inzwischen schwangere Yoko zu entlasten. Später
wurde er wegen dieser Geschichte zu einer Geldstrafe verurteilt, die jedoch jahrelang verhindern sollte, dass John eine Green Card für den Daueraufenthalt in den USA be- Vgl. S. 70
kam. Hart blies den beiden weiterhin der Wind der Öffentlichkeit ins Gesicht. Ihre Slow-Motion-Porträt-Filme *Film
No. 5 (Smile)* und *Two Virgins* wurden von der Kritik verrissen.
Selbst die wohlwollendsten Fans konnten keinen Zugang zu
dem am 28. November erscheinenden Album *Unfinished
Music No.1: Two Virgins* finden. Die beliebig wirkende Mixtur
aus Vogelstimmen, Kreischen, Klaviergeklimper und verzö-
gert zugespielten Geräuschbändern wirkten wie Zufalls-Krach,

ohne jedoch eine konzeptionelle Strenge zu besitzen. Mc-Cartneys auf der Plattenhülle zitierter Kommentar durfte ironisch verstanden werden: »Wenn sich zwei große Heilige begegnen, dann ist das eine erniedrigende Erfahrung.« (zit. n. Moers u. a. 2000, S. 534) Von Cynthia inzwischen geschieden – so am 8. November in Nizza geschehen –, zeigte sich John mit seiner neuen Lebensgefährtin auf dem Cover der Platte in unschuldig, aber auch peinlich wirkender Nacktheit: der Vollständigkeit halber von vorn und von hinten. Kein Wunder, dass EMI sich zunächst weigerte, die Platte zu vertreiben. Schließlich erschien sie in einer braunen Packpapiertüte.

Scheidung von Cynthia

> »Ein Kritiker kommentierte neulich, dass John und ich Lutscher-Künstler seien, die dazu bestimmt sind, auf ewige Zeiten Seifenblasen blubbern zu lassen. Ein großartiger Gedanke. Es gibt eine Menge Dinge, die man mit Seifenblasen machen kann.« (Yoko Ono über ihre Kritiker; zit. n. Moers u. a. 2000, S. 530)

Vielleicht lag es nicht zuletzt an diesen aufgeregten Selbstüberforderungen für eine skandalsüchtige Öffentlichkeit, dass Yoko Ende November eine Fehlgeburt erlitt. Aber die beiden hatten sich nun einmal geschworen, ihre Intimität als Gesamtkunstwerk zu vermarkten – in Freud und Leid. Nachdem sie bereits zuvor eine »Musique-concrète«-Aufnahme vom Herzschlag ihres ungeborenen Kindes namens *Baby's Heartbeat* gemacht hatten, entstand am 21. November der Titel *Two Minutes Silence* für das verlorene Baby. Das Leben als andauernde Performance – bereits auf der Underground-Weihnachtsparty »Alchemical Wedding« in der Royal Albert Hall setzten sie ihre öffentliche Inszenierung fort: Unter dem Motto *Bagism* traten John und Yoko gemeinsam 25 Minuten in einem weißen Sack versteckt auf, bewegten sich darin von Zeit zu Zeit zu den Klängen eines um den Sack herumtanzenden Flötisten. Doch nicht alle verstanden die Botschaft. Während des Auftritts schwenkte ein aufgebrachter Mann im Publikum die Biafra-Flagge und rief: »Interessiert dich das überhaupt, John?« Anfang Dezember war Lennon bereits

Bagism, vgl. S. 171 f.

musikalisch fremdgegangen: Im *Rock And Roll Circus*, einem Filmprojekt der Rolling Stones, hatte er zusammen mit Eric Clapton, Keith Richards und dem Drummer der Jimi Hendrix Experience, Mitch Mitchell, eine »Supergroup« für den Augenblick gegründet. The Dirty Mac spielten eine ruppige Version des *Yer Blues*.

Je mehr es im Verhältnis zu den Bandkollegen Paul, George und Ringo kriselte, desto enger rückten John und Yoko zusammen. Das Jahr 1969 war das Jahr des schleichenden Zerfalls der berühmtesten und bedeutendsten Popgruppe der Welt. McCartney ahnte, dass die visionäre Kraft der Beatles durch die individualisierten Produktionsprozesse im Studio gelitten hatte, und schlug deshalb vor, zu den Wurzeln zurückzukehren und den Live-Aspekt ihrer Arbeit wieder zu betonen. Am 2. Januar begannen die Proben für ein geplantes Konzert und ein neues Album in den Twickenham Film Studios. Eine ständig präsente Kamera-Crew sollte den Entstehungsprozess der neuen Stücke, die Sessions zum Aufwärmen und die spontane Spielfreude der Band dokumentieren. Man spielte nämlich nicht nur neue Titel wie *Don't Let Me Down* oder *I Me Mine* ein, sondern jammte sich mit lockeren Cover-Versionen von Chuck Berry bis zu den Drifters quer durch die Geschichte des Rock'n'Roll – jener Musik, die das Zusammengehörigkeitsgefühl der Beatles immer ausgemacht hatte. Doch die scheinbare Vitalität dieser »Live-At-The-Studio«-Situation wirkte verkrampft. Nicht nur wegen der ständigen Anwesenheit Yokos spitzten sich die Konflikte zu: George Harrison erklärte seinen Austritt aus der Band, die Stimmung blieb gereizt, und Harrison brachte bei seiner Rückkehr fünf Tage später den Keyboarder Billy Preston mit, in der Hoffnung, ein Außenstehender würde für einen höflicheren Umgang der Beatles untereinander sorgen. In diese angespannte Atmosphäre platzte die Nachricht, dass in den USA das Lennon/Ono-Debüt *Two Virgins* wegen seines vermeintlich pornographischen Covers aus dem Verkehr gezogen wurde. Eine Universitätszeitung in Connecticut hatte das Nacktfoto von John und Yoko auf dem Umschlag gebracht, die Universitätsleitung erstattete Anzeige, und das FBI legte eine – wie sich in

Get-Back-Desaster

der Zukunft noch zeigen würde – folgenschwere Akte über John an.

Film No. 6 (Rape), vgl. S. 111

Mit einem weiteren Film, der beklemmenden Fiction-Doku *Rape*, ließ das bei den restlichen Beatles und der weltweiten Fangemeinde umstrittene »Traumpaar« Lennon / Ono seiner kreativen Wut weiter freien Lauf. Doch dem von McCartney projektierten, erlösenden Live-Konzert der Beatles im Londoner »Roundhouse« – vorgesehen war es für Samstag, den 18. Januar 1969 – verweigerte John seine Zustimmung. Stattdessen wechselte man nach den desaströsen Erfahrungen in den sterilen Twickenham Film Studios Ende Januar in das bandeigene Apple Studio in der Londoner Savile Row. Hier sollte endlich unter dem Arbeitstitel *Get Back* die erhoffte Rückkehr zur schnörkellosen musikalischen Einfachheit gelingen. Bis Ende Januar war genügend Material auf den Bändern, so dass man den Toningenieur Glyn Johns bat, aus der Fülle der Aufnahmen ein kohärentes Album zu destillieren. Einen spektakulären Schlusspunkt des verkrampften *Get-Back*-Projekts sollte ein Live-Auftritt auf dem Dach des Apple-Gebäudes setzen: Am 30. Januar fand der letzte gemeinsame Auftritt der Beatles statt – ein angestrengt wirkender Schwanengesang.

Der letzte Beatles-Auftritt

Lennon hatte in diesen Tagen ohnehin andere Dinge im Kopf: Nach der Scheidung Yokos von Tony Cox Anfang Februar stand der gemeinsamen Zukunft nichts mehr im Wege. Musikalisch aber gab es noch immer ein unerledigtes Projekt:

Letzter Beatles-Auftritt auf dem Dach des Apple-Gebäudes, 30. Januar 1969

Die unseligen *Get-Back*-Aufnahmen. Das musikalische Ergebnis der von Glyn Johns abgemischten Sessions konnte die Beatles zunächst nicht überzeugen; auch ein zweiter Versuch, aus den chaotischen Aufnahmen ein halbwegs stimmiges Album zu formen, schlug fehl. Stattdessen suchten John und Yoko neue Herausforderungen in ihrem ersten Avantgarde-Konzert. Am 2. März traten die beiden im Rahmen des *Natur-al Music Festivals* in Cambridge auf. Ihre Free-Jazz-Performance *Cambridge 1969* war vor allem für John eine Art Offenbarung. Zum ersten Mal improvisierte er völlig frei auf einer E-Gitarre: Im Schneidersitz, mit dem Rücken zum Publikum, kommunizierte er durch Feedback-Geheul und Saitengeräusche mit den atonalen Vokalismen von Yoko. Als würden Metalltürme in sich zusammenstürzen und verzweifelt schreiende Menschen unter sich begraben, so klang ihre Sound-Performance stellenweise. Der Auftritt erschien als A-Seite ihres zweiten Albums *Unfinished Music No. 2: Life With The Lions*. Das Cover zeigt Yoko Ono nach ihrer Fehlgeburt in einem Krankenhausbett, während John vor ihr auf dem Boden hockt. Ein Stück dieser nicht leicht goutierbaren »experimental music« ist deshalb *No Bed For Beatle John* betitelt: Im Stil eines Gregorianischen Chorals lesen John und Yoko in sugges-tivem Singsang Schlagzeilen aus der englischen Tagespresse über ihre Aktivitäten vor.

Die erhielt neues Skandal-Material, nachdem die beiden am 20. März 1969 während eines 70-minütigen Zwischenstopps auf Gibraltar im dortigen britischen Konsulat heirateten und anschließend im Amsterdamer Hilton-Hotel ihr erstes *Bed-In* zelebrierten. John und Yoko blieben fünf Tage im Bett und wollten mit dieser Aktion für den Frieden demonstrieren: Wenn alle Politiker dieser Welt eine Woche im Bett bleiben würden, gäbe es weniger Gewalt auf Erden. Von Amsterdam flogen sie nach Wien, um sich die Filmpremiere von *Rape* im ORF anzuschauen. Bei der Pressekonferenz im Roten Salon des Hotel Sacher war das Paar in weiße Säcke gehüllt und antwortete aus dem Innern. Auch als sie am 1. April für die beliebte BBC-Fernsehsendung »Today« interviewt wurden, saßen sie zusammen in einem weißen Sack, ein Plakat mit

Heirat mit Yoko Ono

Bed-In, vgl. S. 112

der Aufschrift »Bagism« vor sich – während der Interviewer Eamonn Andrews derweil im Bett auf sie wartete.

John begann in diesen Tagen mehr und mehr in Kampagnen zu denken, Kunst musste jetzt erkennbar praktische Konsequenzen haben – und sei es die entlarvende Skandalisierung durch die Medien. Mitte April schrieben Lennon / McCartney mit *The Ballad Of John And Yoko* einen Ohrwurm-Song über die Irrfahrt der beiden bis zu ihrer Hochzeit in Gibraltar und die anschließenden Friedens-Aktionen – das letzte Lied, dass John und Paul gemeinsam verfassten. Sie spielten es auch allein ein. Als es Ende Mai während eines weiteren *Bed-In* im Queen Elizabeth Hotel, Montreal veröffentlicht wurde, dauerte es nicht lange, bis diese Selbstdramatisierung Lennons als Messias und Märtyrer (»They're gonna crucify me«) mit einer ironischen Anspielung auf sein skandalöses »Jesus-Interview« in Kanada und den USA verboten wurde. Einmal mehr warf man John offene Blasphemie vor. Doch der vergötterte allenfalls Yoko. In einer offiziellen Zeremonie bei einem Notar ließ er seinem Namen ein »Ono« beifügen. Er glaubte wie seine Frau felsenfest daran, »dass möglichst viele ›O‹ im Namen Glück bedeuten, und wenn dies neunmal der Fall ist, sei das Glück fast vollkommen: John Winston Ono Lennon und Yoko Ono = 9 ›O‹«. (zit. n. Moers u. a. 2000, S. 573)

Das *Get-Back*-Live-Album-Projekt lag derweil auf Eis. Allein die gleichnamige Single erschien im April. Inzwischen waren die Beatles unter der Ägide von George Martin wieder in die vertrauten Abbey Road Studios umgezogen und machten Aufnahmen für ein neues Studio-Album. John war der Meinung, Slogan-Songs mit journalistischen Texten seien das Gebot der Stunde: schnell geschrieben und schnell veröffentlicht!

Vgl. S. 127 f. Die während des *Bed-In* in Montreal aufgenommene Single *Give Peace A Chance* kam bereits einen Monat später auf den Markt. John hielt sich hier noch an die alte Absprache mit McCartney, alle Songs von ihm oder Paul unter dem Autorennamen »Lennon / McCartney« zu veröffentlichen. Der Band, die in Zukunft Johns und Yokos Songs einspielen würde, gaben die beiden den Namen »Plastic Ono Band«.

Während die Beatles mit wundervollen Titeln wie *Something* (George Harrison), dem zauberhaften Kinderlied *Octopus's Garden* von Ringo Starr, McCartneys *You Never Give Me Your Money* oder der Sehnsuchtsnummer *I Want You (She's So Heavy)* von John dem neuen Album Statur verliehen, erfuhr die Band, dass ihre Firma Apple wegen eklatantem Missmanagement kurz vor der Pleite stehe. John, George und Ringo wollten dem hemdsärmeligen Amerikaner Allen Klein gern die Restrukturierung des Gemeinschaftsunternehmens überlassen. Paul dagegen favorisierte als Sanierer seinen Schwiegervater, den Rechtsanwalt Lee Eastman. Er wurde aber von den anderen Beatles überstimmt, und Klein machte das Rennen. Der versuchte sofort, Northern Songs, den schon 1963 gegründeten und ab 1965 an der Börse notierten Musikverlag der Beatles-Songs, zurückzukaufen, denn der Beatles-Verleger Dick James hatte seine gesamten Anteile inzwischen an den TV-Unternehmer Sir Lew Grade verkauft. Die Beatles selbst Vgl. S. 79 hielten nur noch 30 Prozent der Aktien. Nach und nach erwarb ATV fast 50 Prozent aller Northern-Songs-Aktien und wurde damit größter Anteilseigner. Lennon und McCartney verloren im September 1969 endgültig die Kontrolle über ihre bei Northern Songs verlegten Beatles-Songs – auch der geschäftliche Zusammenhalt der Beatles war jetzt zerbrochen.

Obwohl das Album *Abbey Road* bei seiner Veröffentlichung im September wenig innovativ wirkte, enthält es eine Fülle zeitlos schöner Songs in handwerklicher Perfektion. Doch bei der Produktion gab es einen grundsätzlichen Konflikt zwischen Lennon und McCartney. Der sah sich von George Martin in seiner Idee unterstützt, einzelne Songs zu einer großen Suite zu verschmelzen. Lennon dagegen hatte den Eindruck, man wolle hier nur halb fertige Stücke aufpolieren. Ein Kompromiss war schließlich die Folge: Auf der B-Seite des Albums erschienen mit *Mean Mr. Mustard*, *Polythene Pam* und *She Came In Through The Bathroom Window* zusammen mit drei weiteren Song-Fragmenten die von Paul gewünschte Suite. Mit dem Lied *The End* setzten die Beatles einen grandiosen Schlusspunkt hinter ihre Studiokarriere. Ein letztes Mal vereinigten sich hier die Gesangsstimmen von John, Paul und

George zu den Zeilen: »And in the end / The love you take / Is equal to the love you make.«

Nach der Veröffentlichung wollte Lennon sofort die »Scheidung von den Beatles« einreichen. Nur auf Anraten des Verhandlungsstrategen Allen Klein wartete er noch ab. John war zur großen Abrechnung bereit: Die unternahm er zunächst nur bezüglich der eigenen Person. In *Cold Turkey* beschrieb er schonungslos die Hölle seines Heroinentzugs: »My feet are so heavy / So is my head / I wish I was a baby / I wish I was dead.« Erstmals sang Lennon diese grausamen Zeilen am 13. September 1969 auf dem *Toronto Rock 'n' Roll Revival Festival*, zu dem er am Tag zuvor spontan eine Einladung angenommen hatte. Die hochkarätige Band, die ihn und Yoko hier musikalisch unterstützte, versammelte neben dem Schlagzeuger Alan White und dem Bassisten Klaus Voormann auch den »Griffbrett-Gott« Eric Clapton – später erschienen die Aufnahmen unter dem Albumtitel *Live Peace In Toronto 1969*. Clapton war es auch, der bei der Studioaufnahme von *Cold Turkey* ein paar Tage später die Leadgitarre bediente. Auf die B-Seite kam eine typische Yoko-Nummer: *Don't Worry Kyoko* – ein mütterlicher Schrei nach der Tochter aus erster Ehe. Vor einem schneidenden Slidegitarren-Riff Claptons erforscht Ono einmal mehr die lautmalerischen Möglichkeiten der menschlichen Stimme. John sollte ein Jahr später – in völliger Verkennung der nervigen Qualität des einfältigen Lieds – *Don't Worry Kyoko* als »eine der besten verdammten Rock-'n'-Roll-Platten, die je entstanden sind«, bezeichnen (zit. n. Wenner 2002, S. 34). Ein weiter Beleg dafür, dass Liebe nicht nur blind, sondern auch taub machen kann.

Politischer Aktionismus Lennon schien sich in diesen Tagen in zahlreichen Kampagnen, Aktionen und Solidaritätsbekundungen zu verlieren. Als sei sein Kampf um den Weltfrieden nicht schon aufreibend genug, mussten er und Yoko sich auch noch zu Fürsprechern des vermeintlich einem Justizirrtum zum Opfer gefallenen James Hanratty machen. Der eines Mordes Angeklagte war 1962 in England hingerichtet worden, obwohl er und seine Familie die Tat immer abgestritten hatten. In ihrem grenzenlos naiven Weltverbesserungsglauben nahmen sich im Dezember John und Yoko des umstrittenen Falles an und gaben bekannt, einen Film zu drehen, der bisher unbekannte Tatsachen enthüllen würde. Obwohl es bei der vollmundigen Ankündigung blieb, lief John am 11. Dezember anlässlich der Premiere des Peter Sellers/Ringo Starr-Films *The Magic Christian* vor dem Kensington-Odeon-Kino in London mit einem Schild herum: »Großbritannien hat Hanratty ermordet.« Mitglieder der königlichen Familie, die zur Weltfilmpremiere geladen waren, stiegen gar nicht erst aus ihren Autos aus. Drei Tage später räkelten sich John und Yoko noch einmal in einem weißen Sack mit der Aufschrift »Ein stummer Protest für James Hanratty« an der berühmten »Speaker's Corner« im Londoner Hyde Park – und das war's dann. Das berühmte Paar hatte sein Interesse an dem Fall verloren.

Denn schon die nächste Aktion forderte volle Hingabe: In elf Metropolen, darunter Berlin, London, New York, Tokio und Toronto, ließen John und Yoko am 16. Dezember großformatige Plakate kleben: »WAR IS OVER! If you want it. Happy Christmas from John & Yoko.« Noch am selben Tag flogen die beiden Aktivisten nach Toronto, um dort ein Friedensfestival im Mosport-Park für das kommende Jahr anzukündigen. Nach einer Unterredung mit dem kanadischen Premierminister Pierre Trudeau war sich Yoko Ono ganz sicher: »Wenn alle Politiker so schön wären wie Trudeau, gäbe es den Weltfrieden.« (zit. n. Moers u. a. 2000, S. 616) Da dies jedoch nicht der Fall war, schlossen sich Lennon und Ono am Heiligabend des Jah-

Wäre nur der Krieg vorbei: Plakat-Aktion zu Weihnachten 1969

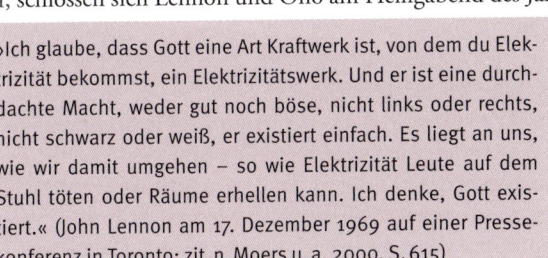

»Ich glaube, dass Gott eine Art Kraftwerk ist, von dem du Elektrizität bekommst, ein Elektrizitätswerk. Und er ist eine durchdachte Macht, weder gut noch böse, nicht links oder rechts, nicht schwarz oder weiß, er existiert einfach. Es liegt an uns, wie wir damit umgehen – so wie Elektrizität Leute auf dem Stuhl töten oder Räume erhellen kann. Ich denke, Gott existiert.« (John Lennon am 17. Dezember 1969 auf einer Pressekonferenz in Toronto; zit. n. Moers u. a. 2000, S. 615)

res 1969 vor der Rochester Cathedral in Kent einem Sit-In an, um für den Frieden zu demonstrieren und an die Armut in der Welt zu erinnern.

Gleich zu Beginn deklarierte das Paar das Jahr 1970 zum »Jahr 1« – niemandem war so recht klar, was sie damit bezwecken wollten. Durchschaubarer war da schon die Aktion, die am 4. Februar auf dem Dach des »Black House« von Malcolm X, dem Black-Power-Propagandisten, in der Nähe von London stattfand. Lennon / Ono tauschten ihre zuvor abgeschnittenen langen Haare mit Malcolm X gegen blutbefleckte Boxershorts von Muhammad Ali ein, um diese dann für den Weltfrieden zu versteigern. Die Londoner Presse schien langsam genug zu haben von den seltsamen »Peace«-Aktionen des berühmten Poppaars und ignorierte die medienwirksame Geschichte weitgehend. Kein Wunder, dass der *Daily Mirror* John schon Ende 1969 als »Clown of the Year« tituliert hatte.

Für neue Musik blieb Lennon bei dem ganzen Friedenskampf wenig Zeit: Immerhin brachte er Anfang Februar seine Single *Instant Karma* auf den Markt – mit demselben Drei-Akkord-Refrain wie *All You Need Is Love*. Angeblich hatte er während des Weihnachtsurlaubs die clevere Phrase von Belinda Cox, der neuen Frau von Tony Cox aufgeschnappt. Abgesehen davon, dass George Harrison in dem einfach gestrickten Song die Leadgitarre bediente, war diese Aufnahme das Entree für den amerikanischen Produzenten Phil Spector in den Beatles-Kreis. Berühmt für seine bombastischen »walls of sound« und donnernden Rhythmen, machte er auch aus *Instant Karma* – ein Song, der sich u. a. mit der überschätzten Bedeutung von »Superstars« auseinandersetzt – Lennons bis dato lautestes Lied.

Mit Spector sollte jetzt endlich auch das unglückselige und deshalb liegengebliebene *Get-Back*-Projekt auf Touren gebracht werden. McCartneys zeitlos schöne Komposition *Let It Be* sollte als Titel des neuen Albums für die ersehnte Auflösung sorgen. Doch neuer Ärger war vorprogrammiert: Spector wurde beauftragt, das Song-Material behutsam abzumischen und dabei auf größtmögliche Natürlichkeit Wert zu legen. Doch der engagierte ein ganzes Symphonieorchester mit

Chor und schaffte es so, dass raffiniert intime Songs wie *Across The Universe* oder *The Long And Winding Road* überproduziert und aufgedonnert klangen. Obwohl Lennon am Ergebnis wenig zu mäkeln hatte, war McCartney außer sich. Erst 33 Jahre nach der Erstveröffentlichung des Albums *Let It Be* mit dem bombastischen Spector-Arrangement, konnte McCartney mit Yoko Onos Segen den Song-Zyklus in seiner ursprünglichen entschlackten Gestalt als *Let It Be… Naked* (2003) herausbringen.

Vgl. S. 131

Das innere Band der Beatles schien Anfang des Jahres 1970 endgültig zerrissen. Alle Bandmitglieder waren inzwischen mit eigenen Alben auf dem Markt vertreten, hatten Familien und neue Prioritäten gesetzt. Schon mehrfach hatte Lennon Ende 1969 in Interviews das Ende der Beatles angekündigt, und so verwunderte es im inneren Kreis der Fab Four niemanden, als Paul McCartney am 10. April 1970 vor der englischen Presse seinen Ausstieg aus der berühmtesten Popgruppe der Welt verkündete: »Wegen persönlicher, geschäftlicher und musikalischer Differenzen.« (zit. n. Moers u. a. 2000, S. 638) Dennoch war Lennon erbost, dass McCartney die Entscheidung, die Beatles aufzulösen, als seinen eigenen Entschluss ausgab – hatte er selbst doch schon mehrfach in den Vormonaten damit kokettiert. Dem Journalisten Ray Coleman gegenüber machte er klar: »Auf jeden Fall war es nicht Paul, der gegangen ist, sondern ich habe ihn fallenlassen.« (zit. n. Coleman 2000, S. 281) Der Öffentlichkeit gegenüber aber versuchte er sich cool zu geben: »Keine große Sache! Die Leute reden darüber, als sei es das Ende der Welt. Dabei ist nur eine Rockband auseinandergegangen.« (zit. n. The Beatles 2000, S. 353)

Frühe Jahre in New York und ein »verlorenes Wochenende« (1970-1975)

Zu Beginn des Jahres 1970 interessierte sich Lennon ohnehin zuallererst für sein eigenes Seelenheil. Im März hatte ihm ein Freund das Buch *The Primal Scream* des amerikanischen Psychiaters Arthur Janov zugeschickt, und Lennon war von dessen »Urschrei«-Therapie fasziniert – schien sie ihm doch

»Urschrei«-
Therapie

endlich die Möglichkeit zu bieten, seine kindlichen Traumata zu verarbeiten. Janovs These, nach der alle Neurosen dem Fehlen elterlicher Liebe in der »Urszene« zwischen dem fünften und siebten Lebensjahr entstammen, fiel bei John auf fruchtbaren Boden – ebenso der Therapievorschlag, die Sehnsucht nach den Eltern aus den Tiefen des Körpers herauszuschreien, um sich wieder in die Rolle des hilflosen Babys zu versetzen und sich so in einem Exorzismus des Nacherlebens endgültig von den Geistern der Vergangenheit zu befreien. Janov kam auf Einladung von Lennon und Ono auf ihr Anwesen Tittenhurst Park. Er bereitete das Paar auf die ersten »traumatischen Sitzungen« vor und verlangte, dass John und Yoko sich für zwei Wochen trennen und in verschiedenen Hotels wohnen sollten. John erzählte dem Psychiater: »Ich bin als Kind nie wirklich gewollt worden. Meine Suche nach Ruhm war nur dadurch motiviert, dass ich meine Mutter fragen wollte: ›Und, Mammi, wirst du mich jetzt lieben?!‹« (zit. n. Harry 1992, S. 341)

14 Tage später kehrte Janov nach zahlreichen aufreibenden Sessions in die USA zurück, nicht ohne die Zusage des Paars, ihn in seinem »Primal Therapy Institute« zu besuchen – eine grandiose Werbung für seine Klinik. Am 28. April besuchten Lennon / Ono ihn in Kalifornien und belegten wöchentliche Gruppensitzungen von zweieinhalb Tagen Dauer. Obwohl die Therapie noch nicht vollständig beendet war, flogen die beiden nach vier Monaten, von den US-Einwanderungsbehörden genötigt, im August nach London zurück – ernüchtert, aber nicht enttäuscht.

»Janov hat mich gelehrt, meine Angst und meinen Schmerz zu fühlen. Deshalb kann ich jetzt besser damit umgehen als zuvor – das ist alles.« (John Lennon über den Erfolg seiner »Urschrei«-Therapie; zit. n. Harry 1992, S. 341)

Ende Juni verarbeitete Lennon die erschütternden Introspektionen, zu denen Janov ihn getrieben hatte. *Mother* war sein Manifest der Einsamkeit. Die verhallte Gitarre erzeugt die Atmosphäre einer Zeitreise: Der kleine John war vom Verlust der Eltern ins Mark getroffen. Obwohl die Mutter ihm immer wichtiger war als sein Vater, wendet Lennon hier in einer ironischen Volte seine Erfahrung eines ständig abwesenden Daddys auf die eigenen Kinder an: »Children, don't do what I have done.« In einer Abwandlung des alten Kinderverses *Three Blind Mice* zieht Lennon dann in *My Mummy's Dead* ein Resümee der Janovschen Erfahrungen: »I can't explain / So much pain / I could never show it / My mummy's dead.« Als wolle er die kürzelhafte Form eines japanischen Haiku neu erfinden, ging es ihm in diesem traurigen Liedchen um eine konzentrierte Form der Einfachheit.

Der substantiellste Song aber, der der kalifornischen Selbsterforschung entsprang, war zweifellos *God*. Lennon rechnete mit allen falschen Göttern und Götzen der Vergangenheit ab, um sich am Ende des Lieds als Person neu entdecken zu können. All diese Post-Therapie-Lieder erschienen im Dezember 1970 auf dem von Spector spektakulär produzierten Album *John Lennon / Plastic Ono Band*. Nie hat er sich in seiner emotionalen Nacktheit verletzlicher gezeigt, nie sind seine Sehnsüchte essentieller gewesen. Erwachsen geworden in einem Star-System, entdeckt er hier elementare menschliche Bedürfnisse nach Sicherheit, Schutz und Seelenfrieden – und in *Working Class Hero* die Wonnen unverbrauchter Authentizität, den unverlierbaren Trost der Herkunft. Ein Porträt des Künstlers als Leidender und Aufbegehrender. Lennon selbst bezeichnete dieses Album später wiederholt als sein wichtigstes, ehrlichstes und kraftvollstes, als sein »Sgt. Lennon«. Doch nicht lange nach der Janovschen Therapie erwachten die alten Neurosen und Selbstzweifel erneut.

God, vgl. S. 98 ff.

Working Class Hero, vgl. S. 35 u. S. 100 f.

Am letzten Tag des Jahres 1970 begann auf Betreiben von McCartney am Londoner High Court ein Gerichtsverfahren, das die geschäftliche Partnerschaft zwischen den Beatles endgültig beenden sollte. Im darauffolgenden März gewann Paul den Prozess gegen seine ehemaligen Bandkollegen, der bis dato verantwortliche Finanzverwalter Allen Klein war ausgeschaltet. Für Lennon fing das neue Jahr mit der Veröffentlichung des mehrstündigen Interviews an, das er im Dezember dem *Rolling-Stone*-Herausgeber Jann S. Wenner gegeben hatte – es wurde die umfassendste und substantiellste Selbstauskunft des ehemaligen Beatle. Die noch gerade alles dominierende Selbsterforschung der persönlichen Psyche wurde jetzt mehr und mehr von politischem Engagement für die radikale

Linke überlagert. Für Lennon waren Popsongs immer noch die beste Waffe der Politik. So verstand er die populistische Agitprop-Hymne *Power To The People* – inspiriert durch lange Diskussionen mit Tariq Ali und Robin Blackburn von der trotzkistischen Londoner Underground-Zeitung *Red Mole* – im Frühjahr 1971 als Beitrag zu einer globalen politischen Ermutigung. Waren es bisher vor allem britische Angelegenheiten, die Lennon politisch motivierten, so entwickelte er jetzt eine zunehmend internationale Perspektive und verlagerte seinen Aktionsraum nach New York.

Imagine, vgl. S. 101 ff. u. S. 115 f.

Doch ein letztes Projekt wollte er in England noch vollenden: das Album *Imagine*, mit dem John als erstem Solo-Beatle auch der kommerzielle Durchbruch gelingen sollte. Die Aufnahmen dazu begannen Ende Mai und machten allen Beteiligten (neben George Harrison sind Klaus Voormann, Alan White und Nicky Hopkins mit von der Partie) bald klar, dass Lennon nach dem bisweilen schroffen Seelenstriptease des vorangegangenen Albums jetzt versöhnlichere Töne anschlug. In nur einer Woche in Lennons Heimstudio eingespielt, dann mit Phil Spectors Hilfe in New York vollendet, enthält *Imagine* die letzte Musik, die Lennon in seinem Heimatland geschrieben und aufgenommen hat, bevor er dann mit seiner Frau in die USA übersiedelte. Nicht nur der sanfte Titelsong und das selbstkritische Lied *Jealous Guy*, sondern auch das hart rockende *Gimme Some Truth* zeugen von neu erwachter

Jealous Guy, vgl. S. 104 f. u. S. 133 f.

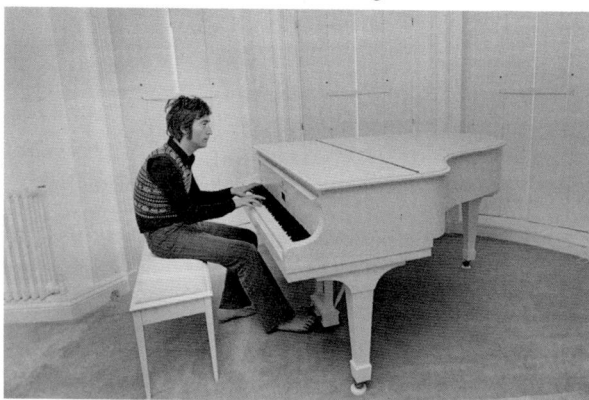

Imagine am weißen Flügel auf Lennons Landsitz Tittenhurst Park

kompositorischer Kraft. Ein eingängiges Drei-Ton-Gitarren-
riff hält letzteres Lied zusammen: Lennons schneidende Stimme erinnert in ihrem Rap-Tonfall an die dadaistische Litanei
von *I Am The Walrus*, während er hier seine ganze Verachtung
an die Gefolgschaft des amerikanischen Präsidenten »Tricky
Dicky« Nixon adressiert: »uptight, short-sighted, narrow-
minded hypocrits […] neurotic, psychotic, pig-headed politi-
cians«. Harrisons Slide-Gitarrensolo verleiht dem wütenden
Stück zusätzlichen Biss. Auch die heute eher peinlich wirkende Abrechnung mit Paul McCartney in *How Do You Sleep*
zeigt einen vitalen, angriffslustigen Lennon. Lennon wirft
dem ehemaligen Seelenverwandten, der mit seinen ersten
Solo-Arbeiten glücklos agierte, mangelndes Talent (»The only thing you done was Yesterday […] The sound you make
is Muzak to my ears«), Muttersöhnchen-Verhalten (»Jump
when your mama tell you anything«) und vor allem angepassten Konservativismus vor (»You live with straights who
tell you you was king«). Die Unversöhnlichkeit, die aus Lennons Angriff spricht, hat etwas Kindisches. So rechnet man
nur mit jemandem ab, den man wirklich geliebt und als Autorität betrachtet hat.
Musikalische Befreiung versprach sich John von einem gemeinsamen Konzert mit Frank Zappa und seiner Pop-Polit-   Frank Zappa
Kabarett-Truppe Mothers Of Invention im Sommer 1971 im
New Yorker »Fillmore East«. Die Session der beiden Avant-
garde-Verfechter nahm über dem alten Blues *Well (Baby
Please Don't Go)* Fahrt auf. Immer wieder änderte die Band
den Beat des Stücks, Lennon spie den Text förmlich heraus,
und Yoko ließ sich zu jaulenden Wah-Wah-Soli von Zappa
nicht lumpen und steigerte sich in ihr berühmt-berüchtigtes
Geheul hinein. Ein edierter und neu abgemischter Mitschnitt
dieses denkwürdigen Konzerts erschien im Juni 1972 auf dem
Doppelalbum *Some Time In New York City* – ein zorniges,
hochpolitisches Manifest, das, aufgemacht wie eine Zeitungs-
seite, als eine Art »journalistisches Tagebuch der Revolte« all
die Benefiz- und Protestaktivitäten von Lennon / Ono des
Vorjahres musikalisch bündelte: Der Song *Attica State* bezieht
sich auf die Aufstände im Attica State Prison vom September,

bei denen durch einen brutalen Militäreinsatz mit mehr als
1000 Soldaten nach einer Geiselnahme 28 Häftlinge und
neun Geiseln getötet wurden. Schon im Dezember 1971 waren die Lennons im New Yorker Apollo Theatre überraschend
bei einem Benefiz-Konzert für die Hinterbliebenen aufge-

John Sinclair treten. Das Stück *John Sinclair* – ein bluesiger Steel-Guitar-
Stomp – ist eine Solidaritätsadresse an den gleichnamigen
Dichter, Mitglied der linken Detroiter Rockband MC5 und
Organisator der »White Panter Party«, Ende der Sechziger eine Leitfigur der amerikanischen Gegenkultur. Man wollte an
ihm ein Exempel statuieren: Wegen des Besitzes von zwei Ma-
rihuana-Zigaretten wurde er 1969 zu zehn Jahren Gefängnis
verurteilt.

»Schließ dich der Rock-Befreiungs-
front an, ehe sie *dich* schnappt.«
(John Lennon in einem offenen Brief
an Paul McCartney; zit. n. Coleman
2000, S. 287)

Am 10. Dezember 1971 nahmen John und
Yoko in Ann Arbor an einem Benefiz-Konzert für Sinclair teil und spielten erstmals
ihren speziell für diesen Anlass geschriebenen Song *John Sinclair* mit der sarkasti-
schen Textzeile: »They gave him ten for
two / What else can the judges do?« Auch
mit einer anderen Songpassage machten sie sich bei der amerikanischen Regierung keine Freunde: »If he was the CIA / Sell-
ing dope and making hay / He'd be free, they'd let him
be / Breathing air like you and me.« Zur allgemeinen Überra-
schung wurde Sinclair 55 Stunden nach dem Konzert gegen
eine Kaution freigelassen – rebellische Rockmusik konnte an-
scheinend doch Wunder bewirken.

Irische In zwei weiteren Liedern verwandelte sich Lennon in einen
Wurzelsuche Fürsprecher der irischen Bevölkerung: Die »Swamp-Rock«-
Nummer *Sunday Bloody Sunday* gehört in die Kategorie »Slogan-Songs« und spielt auf die Erschießung von 13 Katholiken
durch Soldaten der britischen Armee am 30. Januar 1972 im
katholischen Viertel von Derry an. Schon im August des Vorjahres hatte Lennon an einer großen Demonstration in London teilgenommen, die den Abzug der englischen Truppen
aus Nordirland forderte. Als er jetzt in New York die Nachricht vom »blutigen Sonntag« in Derry – der Tag wurde in
Erinnerung an ein ähnliches Blutbad des Jahres 1929 so ge-

nannt – erhielt, kanalisierte er seine Wut über die englische Besatzungsmacht unmittelbar in krasse Worte: »You anglo pigs and scotties / Sent to colonize the North / You wave your bloody Union Jacks / And You know what it's worth [...] Yes it's always bloody Sunday / In the concentration camps / Keep Falls Road free forever / From the bloody English hands.« Mit diesen Zeilen verärgerte Lennon viele seiner Anhänger in England, denn er bekannte sich ausdrücklich zu den irischen Wurzeln im eigenen Stammbaum. Sein Parolen-Pop, der komplexe historische Probleme in schlichten Textformeln zu lösen suchte, zielte auf direkte Wirkung. Paul McCartneys zur selben Zeit entstandener Song *Give Ireland Back To The Irish* war da wesentlich zahmer und von einem Rest englischen Patriotismus getragen.

Noch dubioser wirkte Lennons erklärte Solidarität mit der IRA in *Luck Of The Irish* – jener provisorischen Irisch-Republikanischen Armee, die schon damals weniger einer Verteidigungstruppe der irischen Minderheit als vielmehr einer terroristischen Vereinigung mit häufig zivilen Angriffszielen glich.

Inzwischen mit Aktivisten der radikalen Linken in New York, Abbie Hoffman oder Jerry Rubin, verbandelt, nahm Lennon am 5. Februar 1972, wenige Tage nach dem Massaker des »Bloody Sunday« an einer Protestversammlung vor den New Yorker Büros der britischen Fluggesellschaft BOAC teil und sang erstmals seine bittere Ballade über »Thousand years of torture and hunger«. Der melodische Charme des

> »Wenn die Leute auf der Straße über einen solchen Text [*Sunday Bloody Sunday*] nachdenken, dann haben wir gewonnen.« (John Lennon 1972 im Interview mit Roy Carr; zit. n. Du Noyer 1999, S. 64)

Stücks, seine sanfte Eingängigkeit kontrastiert aufs Schärfste mit zornigen und überzogen wirkenden Zeilen wie »Why the hell are the English there anyway / As they kill with god on their side! / Blame it all on the kids and the IRA! / As the bastards commit genocide. / Aye! Aye! Genocide!« Lennon musste damals schon klar sein, dass es zwei völlig verschiedene Dinge sind, in sentimentalen Erinnerungen den »poets of auld Eireland« nachzutrauern und sich mit den paramilitärischen Hardlinern in Nordirland solidarisch zu erklären.

John Lennons politische Interventionsversuche lassen sich allein vor dem soziokulturellen Hintergrund begreifen, der Anfang der siebziger Jahre nicht nur in den USA ein reicher Nährboden für radikale Denkweisen und Aktivitäten war: Aus der Verbindung von rebellischer Rockmusik und ideologischer Revolte sollte ein kulturelles Projekt entstehen, das nicht nur die Anmaßungen und Täuschungsmanöver der offiziellen Regierungspolitik entlarvte, sondern politische Routinen positiv neu gestalten half. Der vielleicht wichtigste Katalysator dieser weltweiten Aufbruchsbewegung war der Vietnam-Krieg, in den sich die USA immer tiefer verstrickten. Deshalb kann der Anfang jenes Observationsinteresses von FBI und CIA an John Lennon, das im Verein mit den Spitzeldiensten der amerikanischen Einwanderungsbehörde in den frühen Siebzigern richtig in Gang kam, präzise auf den

Vietnam-Krieg 22. August 1966 datiert werden. An diesem Tag protestierte Lennon vor dem Hintergrund des verschärften US-Bombardements auf Hanoi erstmals explizit als Sprecher der Beatles gegen die Verwicklung Amerikas in den Vietnam-Krieg. Für die amerikanischen Regierungsstellen war klar: Wer die politische Unschuld der amerikanischen Jugend bedroht, bedroht Amerikas Zukunft.

Als Lennon/Ono fünf Jahre später, am 3. September 1971, England verließen, um sich in den USA niederzulassen, war man in amerikanischen Geheimdienst- und Polizeikreisen alarmiert: Ein potentieller Staatsfeind betrat das Land und begehrte eine dauerhafte Aufenthaltsgenehmigung. Schon bevor er dem Vereinigten Königreich den Rücken kehrte, war Lennon ins Visier des englischen Geheimdienstes MI5 geraten – man verdächtigte ihn, 175 000 Pfund auf ein Bankkonto der IRA eingezahlt zu haben, um deren illegale Aktivitäten in Nordirland zu subventionieren. Obwohl Yoko Ono dies später dementierte, galt ihr Mann in seiner Heimat als unverbesserlicher Anhänger der Sozialisten: Beispielsweise hatte er immer wieder größere Summen an die »Workers Revolutionary Party« gespendet oder den streikenden Schiffbauern in Liverpool spontan ein paar tausend Pfund überwiesen. »Wie auch immer, bei unserer Ankunft in den USA wurden wir praktisch am Flugzeug von Jerry Rubin und Abbie Hoffman abgeholt, den ›Max und Moritz‹ der sechziger Jahre. Sie führten uns in den New Yorker ›Untergrund‹ ein.« (Lennon 1996, S. 23) Was sich in Lennons postum veröffentlichten Skizzen zum geplanten Broadway-Musical *The Ballad of John und Yoko* wie eine Satire liest, wirkte 1972 wie eine kalkulierte Provokation. Denn Rubin und Hoffman waren nicht nur Galionsfiguren der radikalen »Youth International Party« (»Yippie«), sondern zählten auch zu den »Chicago Seven«, jener Aktivistengruppe, die 1968 den »Democratic National Convent« in Chicago zu sprengen versucht und dafür eine Gefängnisstrafe erhalten hatte.

Jetzt stand der ungeliebte Präsident Richard Nixon zur Wiederwahl, und die Regierung hatte Wind davon bekommen, dass Lennon mit Freunden wie Rubin und Hoffman eine nationale Konzerttournee plante, die ihren demonstrativen Höhepunkt im August 1972 mit einem »politischen Woodstock« anlässlich der »National Convention« der Republikaner in San Diego finden sollte, bei der Nixon für seine zweite Präsidentschaft nominiert werden würde. Obwohl diese Agit-Pop-Tour dann doch nicht stattfand, genügte das Gerücht, um den republikanischen Senator Strom Thurmond am 4. Februar 1972 ein geheimes Memorandum an den Justizminister John Mitchell und das Weiße Haus schicken zu lassen – verfasst hatte es in bester McCarthy-Spitzel-Manier ein dubioses »Senate Internal Security Sub-Comittee«: Radikale Führer der Neuen Linken würden Rockkonzerte konzipieren, um Zugang zum Campus von Universitäten zu erhalten, »Achtzehnjährige zum Wahlgang zu ermutigen, die Legalisierung von Marihuana durchzusetzen, eigene politische Aktivitäten zu finanzieren und Menschen für eine Massenkundgebung in San Diego im August 1972 zu mobilisieren«. Am Ende seines Schreibens erteilte Thurmond den Behörden den Rat, »dass nach Ablauf von Lennons Visum Abschiebung eine strategische Gegenmaßnahme« wäre, die »eine Menge Kopfschmer-

Richard Nixon

Im modischen Military-Look: One-To-One-Konzert im Madison Square Garden, August 1972

zen ersparen könnte« (alle Zit. n. Thomson / Gutman, 2004, S. 189).

Nicht nur die amerikanische Einwanderungsbehörde, auch das FBI unter seinem Chef J. Edgar Hoover wurden unverzüglich aktiv. Man stellte Lennon unter ständige Überwachung, man zapfte das Telefon in seinem Apartment in der Bank Street im Greenwich Village an, und FBI- und CIA-Agenten in Limousinen mit schwarz getönten Fenstern verfolgten jede Bewegung des Ex-Beatle. Am 29. Februar liefen die Visa von John und Yoko aus, die übliche Verlängerungsfrist zur Erstellung eines neuen Antrags wurde nach einer Woche aufgehoben, und man kündigte ihnen die Ausweisung an. Damit begann der vierjährige juristische Kampf des Paares um sein Aufenthaltsrecht in den USA, wie ihn der Dokumentarfilm *The U.S. vs. John Lennon* (2006) mit vielen Zeitzeugen nachgezeichnet hat. Zunächst erhielten die beiden im März mit Hinweis auf die Verurteilung Lennons vom November 1968 zu einer Geldstrafe wegen Drogenbesitzes eine Aufforderung zur Ausreise. Anwälte wurden eingeschaltet, um die Abschiebung hinauszuzögern. Obwohl der FBI-Chef Hoover am 25. April H. R. Haldemann, dem unmittelbaren Assistenten von Präsident Nixon, in einem erst kürzlich freigegebenen, hochsensiblen Geheimdokument direkt empfahl, »Lennon wenn möglich wegen Besitzes von Narkotika festzusetzen, wodurch er sofort abschiebbar würde« (zit. n. Ono 2005, S. 242), zögerten die Regierungsstellen: Man fürchtete die weltweite Symbolwirkung, die die Ausweisung eines der populärsten Menschen auf dem Planeten zwangsläufig haben würde. Amerika konnte sich in diesen unruhigen Zeiten keine weitere Negativ-Propaganda leisten.

Dabei lieferte Lennon den Behörden jede Menge Anhaltspunkte für ein – in ihren Augen – »unamerikanisches Verhalten«. Nicht nur war das FBI mit eigenen Undercover-Agenten bei dem John-Sinclair-Benefiz-Konzert in Ann Arbor vertreten, Text-Kopien von Lennons Album *Some Time in New York*

Vgl. S. 130

»Sie wollten mir einfach Angst einjagen. Sobald ich in ein Auto stieg, taten sie das gleiche – ohne jeden Versuch der Geheimhaltung. Sie wollten, dass ich spürte, ich werde verfolgt.« (John Lennon über seine Verfolgung durch FBI-Agenten; zit. n. Hunt 2005, S. 105)

City wurden an die Dienststellen in Boston, Chicago, Milwaukee, San Francisco und Washington verschickt. Doch das inzwischen mediengewiefte Paar Lennon / Ono setzte sich zur Wehr: Im Februar 1972 traten beide als Ko-Gastgeber in der »Mike Douglas Show« von ABC auf – eine der populärsten abendlichen Fernsehsendungen, die Millionen amerikanischer Haushalte erreichte. Und John mischte das brave Talkshow-Format gewaltig auf: Er lud den Black-Panther-Führer Bobby Seale als Gast ein, den Konsum-Aktivisten Ralph Nader oder seinen Langzeit-Helden Chuck Berry. Der amerikanische Präsident – ein Fan der Sendung – wird nicht amüsiert gewesen sein, als Lennon vor laufender Kamera verkündete: »Amerika ist toll, aber Nixon ist ein blöder Hund.« (zit. n. Hunt 2005, S. 103) Im Mai 1972 trat Lennon erneut im amerikanischen Fernsehen auf. In der »Dick Cavett Show« berichtete er von seiner Überwachung, seinem verwanzten Telefon und der ständigen Observierung durch Regierungsbeamte: »Sie wollten, das ich paranoid werde.« Im November 1972, das geht heute aus den freigegebenen Dokumenten hervor, kurz nach der Wiederwahl Richard Nixons, schloss das FBI die Lennon-Akte. Bis dahin hatten die Überwachungsmaßnahmen Tausende von Arbeitsstunden, Hunderte von Aktenblättern in Anspruch genommen und den amerikanischen Steuerzahler mehrere Millionen Dollar gekostet.

Dabei hatte Lennon von Anfang an nicht vor, sich als Galionsfigur der radikalen Linken von Rubin und Hoffman benutzen zu lassen. In seinen nachgelassenen Schriften resümiert er unter der Überschrift *Die Regierung grub uns eine Grube und fiel selbst hinein* selbstkritisch: »Es hatte eine große Stammesversammlung in unserer Wohnung in der Bank Street gegeben. Alle Häuptlinge waren anwesend. Ohne John und Yoko als Kassenmagneten, hieß es, fände die Revolution nicht statt. Unter dieser Illusion litten sowohl die Linke wie die Rechte.« (Lennon 1996, S. 25 ff.)

Es ist dem investigativen Historiker Jon Wiener zu verdanken, **FBI-Akten** dass nach einem 20 Jahre dauernden Kampf um die Freigabe der »FBI-Files« alle Dokumente zugänglich gemacht wurden – zehn Seiten erschienen aufgrund »nationaler Sicherheitsinteressen« erst im Dezember 2006. Sie dokumentieren nicht nur eine wahnhafte Angst der damaligen US-Regierung, Rockmusik könne unmittelbar in eine Revolution umschlagen. Sie zeigen auch, dass die Überwachung von Lennon und Ono eine ungesetzliche Willkürmaßnahme und keine legitime Strafverfolgung war. Natürlich hatten sich beide mit Antikriegsaktivisten verbündet, auf Kundgebungen für den Frieden und gegen die Bombardierungen in Vietnam demonstriert – aber es gab von beiden keine einzige kriminelle Handlung oder Verschwörung, sie machten nur von ihrem Recht der freien Meinungsäußerung exzessiv Gebrauch.

John Lennon war nicht mehr als ein unbelehrbarer »peacenick«. Deshalb hatte er auch schon im Oktober 1973 die US-Regierung wegen illegaler Abhöraktionen und im Sommer 1975 den Justizminister Mitchell wegen seiner Beschattungsanordnung verklagt. All diese juristischen Auseinandersetzungen verschafften Lennon Zeit und verlängerten seine Aufenthaltsmöglichkeit in den USA. Weil Yoko Ono sich auf ihren Kampf um das Sorgerecht für ihre Tochter Kyoko aus erster Ehe berufen konnte – Anthony Cox war inzwischen mit dem Kind in den USA untergetaucht –, erhielt sie im März 1973 die ersehnte unbefristete Aufenthaltserlaubnis. Lennon dagegen bekam nach zahlreichen Anhörungen, Ausweisungsanordnungen, Widerspruchs-Eingaben seine Green Card erst im Juli 1976, nachdem schon im Jahr zuvor der New Yorker Supreme Court entschieden hatte, dass er nicht »wegen irgendwelcher geheimer politischer Gründe« des Landes verwiesen werden durfte. Zahlreiche Prominente, wie der Schriftsteller Norman Mailer, der Bischof von New York, die Hollywood-Legenden Gloria Swanson und Fred Astaire oder der Komponist John Cage, hatten sich mit ihm solidarisch erklärt und im Abschluss-Hearing für sein Bleiberecht appelliert.

Mind Games Schon mit seinem Album *Mind Games* (1973) versuchte Lennon, die Einwanderungsbehörden zu beschwichtigen. *Mind Games* war ein typisches Übergangs-Werk, das bei seiner Veröffentlichung im November bei seinem Urheber keinen großen Enthusiasmus mehr entfachen konnte: »Es ist halt nur ein Album, nur Rock'n' Roll in unterschiedlichen Geschwindigkeiten, eine Art Interims-Platte zwischen meiner Phase als wahnsinniger Polit-Maniac und meiner Rückkehr zum Musikerdasein.« (zit. n. Hunt 2005, S. 112) Der innere Friede war ihm jetzt wichtiger als äußerliche Aktionen. Ursprünglich unter dem Titel *Make Love Not War* geplant – doch der Spruch war damals schon inflationiert –, besitzen die zwölf Songs der Platte denselben kompakten Sound und Druck wie das *Imagine*-Album. Aber bei allen eleganten Beschwörungen der Zweisamkeit mit Yoko Ono in Songs wie *One Day (At A Time)* oder *Out Of The Blue* wirken die Lieder risikoarm, ja fast brav. Und Lennon war immer dann am stärksten, wenn er künstlerische Wagnisse einging! Man mag es als Aprilscherz verstanden haben, als John und Yoko am 1. April 1973 auf einer Pressekonferenz die Gründung eines neuen »konzeptuellen Landes« ausriefen: NUTOPIA. In Anknüpfung an das berühmte »Utopia«-Land, wie Sir Thomas Morus es 1516 deklariert hatte, ist auch Lennons Wunsch-Ort ein Phantasiegebilde. Die Erklärung zu dieser Staatsgründung, wie sie sich auch auf dem Plattencover von *Mind Games* findet, betont, dass NUTOPIA kein Gebiet umfasst, »keine Grenzen und keine Pässe« kennt, »nur Menschen. In NUTOPIA gelten allein die kosmischen Gesetze. Alle Menschen von NUTOPIA sind zugleich Botschafter dieses Landes. Als zwei dieser Botschafter von NUTOPIA bitte wir um diplomatische Immunität und Berücksichtigung unseres Landes und seiner Menschen in den Vereinten Nationen.« (zit. n. Henke 2003, S. 53) Es verwundert nicht, dass bei so viel Optimismus die Flagge von NUTOPIA ein schlichtes weißes Taschentuch war. Die *Nutopia International Anthem* auf *Mind Games* bestand dementsprechend aus drei Sekunden vollkommener Stille.

So spektakulär diese imaginäre Staatsgründung wirkte, so kurzlebig blieb sie. Von NUTOPIA hat keiner mehr etwas gehört, und auch die Gründer wurden nur wenige Monate später von ganz irdischen Sorgen eingeholt: Im Oktober 1973 trennten sich Lennon / Ono nach viereinhalbjähriger Ehe. Sie hatten erst im April ein luxuriöses Apartment im Dakota Building an der 72. Straße in New York bezogen, mit Blick

*Utopia –
NUTOPIA*

über den Central Park. Von der gotischen Düsternis dieser 1888 gebauten Trutzburg waren beide angetan. Zuvor hatte schon der Filmemacher Roman Polanski seinen Horror-Streifen *Rosemary's Baby* in dem abweisenden Gemäuer gedreht. Während John sich hinter diesem Bollwerk vor der bedrohlichen Realität der Ausweisungs-Drohung zunächst blockiert und orientierungslos fühlte – überreizt und zugleich psychisch erschöpft –, war Yoko voller Tatendrang und veröffentlichte ihr von der Kritik wohlwollend aufgenommenes Album *Approximately Infinite*

Düstere Trutzburg: Das Dakota-Gebäude

Universe. Bei beiden entwickelte sich in diesen Monaten das Gefühl, man müsse einmal versuchen, unabhängig voneinander zu arbeiten. »John und ich waren ständig zusammen gewesen, als Künstler und als Mann und Frau. Da war es nicht verwunderlich, dass wir uns jetzt eine Weile trennen wollten. Und letztlich war es das Beste, was uns passieren konnte.« (zit. n. Henke 2003, S. 53)

Das »lost weekend«

Was später als 15-monatiges »lost weekend« in die Popgeschichte eingehen sollte, nahm seinen Lauf. Lennon übersiedelte nach Los Angeles, nicht allein, sondern mit May Pang, der 22-jährigen Privatsekretärin aus dem Dakota Building. Elliot Mintz, gemeinsamer Freund von John und Yoko, hat später klargestellt: »Yoko wusste, dass es höchstwahrscheinlich zu Intimitäten zwischen den beiden kommen würde. Da sie John kannte, stellte sie sich jedoch auf den reiflich durchdachten Standpunkt: ›Lieber mit May als jede Nacht mit einem anderen Groupie.‹« (zit. n. Coleman 2000, S. 363) Später erklärte Lennon dem BBC-Interviewer Andy Peebles bezüglich dieser offenkundigen »Geisha-Lösung«, in die er sich bereitwillig hineindrängen ließ: »Die feministische Seite von mir blieb dabei ein wenig auf der Strecke.« (zit. n. Du Noyer 1999, S. 81) Es muss eine vorgezogene »midlife crisis« gewesen sein, die Lennon letztlich nach Kalifornien trieb – hatte er doch jung geheiratet und die normalen Initiationsriten von jungen Männern mit Freunden und Alkohol den aufreibenden Beatles-Tourneen geopfert. Jetzt wollte er all das nachholen und verfiel schon nach kurzer Zeit an der Westküste in seinen alten aggressiven Macho-Stil, wie er ihn in seiner Liverpooler Jugend gepflegt hatte. Erstmals wurde er jetzt auch mit den Anforderungen des Alltags konfrontiert: Vorher war er noch nie in einer Bank gewesen oder hatte einen Supermarkt von innen gesehen. Die meiste Zeit jedoch verbrachte John mit neu entdeckten »drinks & drugs«. Rock-Kollegen aus England wie Ringo, der Drummer Keith Moon von The Who, vor allem aber der Sänger und Saufkumpan Harry Nilsson – allesamt

> »Ich bekam meine tägliche Dosis ›Yoko‹ aus der Flasche.« (John Lennon über die Abhängigkeit von seiner Frau während des »lost weekend«; zit. n. Hunt 2005, S. 128)

keine Kinder von Traurigkeit – lockten die »Mr.-Hyde-Seite« von Lennon hervor. Ein »Brandy Alexander« – eine Art hochprozentiger Milchshake – musste für Lennon stets in Reichweite sein, obwohl er tief in seinem Innern wusste, dass der Alkohol seine selbstzerstörerischen und gewalttätigen Anlagen nur förderte.

Nicht einmal die Arbeit an dem lang geplanten *Rock-'n'-Roll*-Album im Studio mit der verehrten Produzenten-Ikone Phil Spector im Record Plant West Studio vermochte ihn Ende des Jahres 1973 zu befriedigen. Dabei war Lennon anfangs voller Enthusiasmus und begriff die Arbeit als Befreiungsschlag: »Ich wollte nicht länger ein Songschreiber oder Produzent sein, ich hatte genug von diesem ›Sei-tiefsinnig-und-denk-nach‹-Zeug. Ich dachte mir, was kann ich machen, um nicht weiter solche Lieder zu schreiben, wie John Lennon sie über seine Gefühle schreibt?« (zit. n. Hunt 2005, S. 128) Da kamen ihm die alten Adoleszenz-Hymnen wie Gene Vincents *Be-Bop-A-Lula*, Buddy Hollys *Peggy Sue* oder Fats Dominos *Ain't that a shame* gerade recht. Doch die Arbeit im Studio gestaltete sich zäh und nervenaufreibend. Während Spector mit provozierender Gemächlichkeit seine berühmten »walls of sound« mit bis zu 25 Musikern gleichzeitig aufbaute, vibrierte John vor kaum gezügeltem Aktionismus. Unweigerlich stagnierten die Sessions und gerieten mehr und mehr zu feuchtfröhlichen Party-Marathons.

Spector ließ die chaotische Situation eskalieren, als er in einem Anfall von Paranoia seinen Revolver im Studio abfeuerte.

Rock-'n'-Roll-Sessions

Lennon brüllte ihn daraufhin an: »Phil, wenn du mich er-
schießen willst, dann tu das, aber zerstör mir nicht mein Gehör, das brauche ich noch!« (zit. n. Jackson 2005, S. 206) Kurz
darauf verschwand Spector mit den Aufnahmebändern. Für
Lennon lief jetzt alles schief: Man gab ihm keine Aufenthaltserlaubnis, Yoko erlaubte ihm nicht zurückzukehren (trotz seiner täglichen 20 Telefonate mit ihr), und Spector erlaubte
ihm nicht, die *Rock-'n'-Roll*-Aufnahmen fertigzustellen. In
dieser verzweifelten Situation verlor Lennon immer häufiger
seine Selbstkontrolle. Etwa als er im Vollrausch das Mobiliar
im Haus des Plattenproduzenten Lou Adler in Bel Air zer-
trümmerte, im »Troubadour Club« mit einer Damenbinde
um den Kopf von der Toilette kam und eine Kellnerin provo-
zierte (»Weißt du nicht, wer ich bin?« »Doch – ein Arschloch
mit einer Kotex-Binde auf der Stirn!« (zit. n. Hunt 2005,
S. 129)) oder wegen seiner ständigen Störungen und Zwi-
schenrufe beim Auftritt der »Smothers Brothers« in jenem
Club volltrunken auf die Straße gesetzt wurde. Natürlich war
das ein gefundenes Fressen für die Klatschpresse: Ein Ex-
Beatle zwischen öffentlichem Skandal und privater Depressi-
on.

Als Lennon mit May Pang und einer Gruppe von Freunden
im April 1974 in ein Strandhaus nach Santa Monica übersiedelte, begann sich der »idiot wind« aus emotionaler Desorien-
tierung und künstlerischer Selbstaufgabe zu legen. Lennon
machte sich an die Arbeit, für seinen Freund Harry Nilsson
das Album *Pussy Cat* zu produzieren. Nachmittags saß er am
Swimmingpool und klimperte auf der Gitarre herum. Langsam begannen die Songskizzen für ein eigenes neues Album
Kontur zu gewinnen. Sein Titel *Walls And Bridges* – »klingt
poetisch und sagt alles, ohne etwas zu verraten« (Lennon) –
war eine perfekte Metapher für die Barrieren zwischen ihm
und Yoko Ono. Acht Zeichnungen aus seiner Schulzeit zier-
ten das Cover und erinnerten an die längst verlorene Unschuld der Jugend.

Ende April, nachdem er mit Pang nach New York zurückge-
kehrt war und in einem Apartment in der 52. Straße am East
River wohnte, begann er die neuen Songs mit Vertrauten wie

Glücklich wirkt er nicht: Mit May Pang während des »lost weekend«

dem Bassisten Klaus Voormann, dem Schlagzeuger Jim Keltner, Nicky Hopkins am Piano und weiteren 13 Gastmusikern einzuspielen. Sein Sohn Julian Lennon spielte Schlagzeug in *Ya Ya*. Doch der größte Gewinn für diese Aufnahmesession war zweifellos die Mitwirkung des Piano-Popstars Elton John. Als alter Freund von John Lennon nahm er mit ihm ein Gesangsduett für die vitale Sing-Along-Nummer *Whatever Gets You Through The Night* auf – es wurde der erste Nr. 1-Hit für den Ex-Beatle.

Elton John

Trotz weiterer starker Stücke wie das ätzende *Steel And Glass* oder das ätherische *# 9 Dream* zeigt das Album Lennons unheilvolle Tendenz zur Überproduktion: Immer wieder peppt er die Songs mit Streichern und einer fünfköpfigen Bläsergruppe namens Little Big Horns auf und scheint der Kraft seiner Gesangsstimme zu misstrauen, da er sie im Multi-Track-Verfahren verstärkt. Bis heute ist nicht geklärt, ob die Gesangszeilen »Your mother left you when you were small / But you're gonna wish you wasn't born at all« in dem Song *Steel And Glass* als Attacke auf den früheren Manager Allen Klein oder einmal mehr als Selbstbemitleidung verstanden werden müssen. Wie so oft war Lennon trotz des kommerziellen Erfolgs mit dem Album nicht recht zufrieden und bezeichnete

es wiederholt als »handwerkliche Fingerübung. Es besitzt eine traurige Aura.« (zit. n. Wiener 1984, S. 273)
Nach der Veröffentlichung – die Plattenfirma hatte inzwischen die Bänder von Phil Spector zurückerworben – machte sich Lennon an Neuaufnahmen für sein *Rock-'n'-Roll*-Herzensprojekt. Bis zum Oktober gelangen ihm eindringliche Neufassungen persönlicher Rock-'n'-Roll-Favoriten wie z. B. das leidenschaftliche *Stand By Me* – offenkundig an die noch immer von ihm getrennt lebende Yoko Ono gerichtet – oder das überschwängliche *Slippin' and Slidin'*. Man wird beim

> »Politik? Lassen Sie es mich so sagen: Ich bin noch so politisch, wie ich immer war – und das war nie besonders viel. [...] Ich muss heute zugeben, dass einige meiner frühen politischen Aktionen mit Yoko sehr naiv waren. Aber Yoko war immer politisch – im Sinn einer avantgardistischen Künstlerin.« (John Lennon Ende 1974 in einem Interview mit der Zeitung *Observer*; zit. n. Wiener 1984, S. 273 f.)

Hören des Albums jedoch den Eindruck nicht los, Lennon versuche hier mit aller Gewalt seine Vergangenheit zu beschwören und gerade diese Vergangenheit dabei zu verleugnen. Seine Karriere als Musiker befand sich Ende 1974 in einer Krise. Mit den Alben *Mind Games* und *Walls And Bridges* war es ihm nicht gelungen, den Sound-Zauber seiner frühen Post-Beatles-Aufnahmen noch einmal zu erreichen. Mit dem *Rock-'n'-Roll*-Album konnte er nicht an die Energie der frühen Beatles-Aufnahmen derselben Stücke anknüpfen. Allein ein musikalischer Kreis schien sich symbolisch zu schließen. Um eine Wette einzulösen – es ging darum, ob *Whatever Gets You Through The Night* wohl an die Spitze der Hitparade schießen würde – , tauchte John Lennon überraschend am 28. November 1974 bei Elton Johns Konzert im New Yorker Madison Square Garden auf; er wollte Songs mit ihm zusammen spielen. Nach dem gemeinsamen Nr. 1-Hit sangen die beiden *Lucy In The Sky With Diamonds* und endeten mit *I Saw Her Standing There*. Dieses Lied war die Eröffnungsnummer des ersten Beatles-Albums und jetzt die Schlussnummer jenes

Konzerts, das den letzten Auftritt Lennons vor einem Kon- Zurück
zertpublikum markieren sollte. zur
Nach dem Konzert lief ihm hinter der Bühne Yoko Ono in Familie
die Arme. Lange schauten sich die beiden sprachlos an, und
ein paar Wochen später, Anfang Februar 1975, kehrte Lennon
zu einem neuen Leben mit seiner Frau in das Dakota Building zurück. Das »verlorene Wochenende« gehörte endgültig
der Vergangenheit an: »Es war ein solcher Schlamassel, dass
ich mich kaum erinnere, was da eigentlich passiert ist. Ich war
weg von Yoko und wollte die ganze Zeit zu ihr zurück. Die
Hälfte der Zeit wusste ich gar nicht, was ich sagte oder tat.«
(zit. n. Elliott 1999, S. 93)

Watching the Wheels: Den Rädern beim Drehen zusehen (1975–1980)

Endlich schien Lennon zu Hause angekommen zu sein. Jedenfalls war Yoko Ono Ende Februar 1975 von ihm schwanger, und die beiden begannen sich auf ein friedvolles Famili-
enleben einzustellen. Im Monat zuvor hatte Lennon David
Bowie noch bei der Produktion von dessen Album *Young
Americans* geholfen und im Duett mit ihm die Hit-Single *Fame* eingespielt – während Bowie als Star der Stunde hungrig
nach Ruhm war, wollte sich sein Gesangspartner desillusio-
niert aus der Rolle des Popstars zurückziehen. Zunächst ließ
Lennon noch ein paar Promotion-Termine für das *Rock-
'n'-Roll*-Album folgen, so z. B. eine Performance von *Slippin'
And Slidin', Stand By Me* und *Imagine* am 18. April in der ITV-
Fernsehshow »Salute To Sir Lew Grade.« Man mag es als eine Vgl. S. 57
Ironie der Rockgeschichte begreifen, dass er ausgerechnet in
dieser betulichen Geburtstagsveranstaltung für jenen Mann,
der sich 1969 trickreich die Rechte an Northern Songs unter
den Nagel gerissen hatte, letztmalig als Sänger auftrat.
Als Yoko Ono am 9. Oktober 1975 – dem 35. Geburtstag von
John – mit einem Kaiserschnitt einen Jungen gebar, war Lennon vor Glück außer sich: »Ich fühlte mich ›higher‹ als das
Empire State Building.« (zit. n. Jackson 2005, S. 213) Fortan Sean Ono
war ihm nichts wichtiger, als seinen Sohn Sean Ono Lennon Lennon, vgl.
aufzuziehen: »Sean ist zwar nicht aus meinem Bauch gekom- S. 135 f.

men, aber bei Gott, ich forme seine Knochen, denn ich sorge für seinen Mahlzeiten und für seinen Schlaf.« (zit. n. Elliott 1999, S. 131) Lennon entschied sich, der erste prominente Hausmann zu werden. Während Yoko Ono fortan die Geschäfte managte, kümmerte er sich um die Hausarbeit – eine für damalige Verhältnisse revolutionäre Umkehrung der Geschlechterrollen.

Lennon sah nachts nach dem Kind, fütterte es, wiegte es in den Schlaf, wickelte, badete und zog es an. Er lernte kochen und war so stolz auf sein erstes selbstgebackenes Brot, dass er Polaroid-Fotos davon machte und an Freunde verschickte. Mit Kumpanen von einst, wie z. B. Mick Jagger oder Paul McCartney – er nannte sie jetzt abschätzig »Rolling Wings« –, wollte er nicht mehr viel zu tun haben. Als Paul eines Tages unangemeldet mit einer Gitarre im Dakota-Gebäude auftauchte, um ihn zu besuchen, zeigte er ihm demonstrativ die kalte Schulter: »Würdest du das nächste Mal vielleicht anrufen, ehe du kommst. Wir sind hier nicht in Liverpool. In New York kann man nicht einfach unangekündigt reinschneien.« (zit. n. Coleman 2000, S. 386) Die Medienöffentlichkeit beobachtete derweil Lennons Rückzug ins Private mit unverhohlener Skepsis. Für sie wirkte der Ehemann und Vater zu wenig glamourös. Dabei sollte sein Abschied von der Musik keinesfalls ewig dauern, Lennon wollte sich nur einmal mehr dem üblichen Verhaltenskodex verweigern, wie er für Pop-Berühmtheiten mit Kindern galt.

Stille Tage im Dakota

Als Geschäftsfrau bewies Yoko Ono in diesen Jahren ein glückliches Händchen – obwohl sie sich bei allen Kaufaktionen auf Voraussagen ihres Astrologen John Green verließ. Sie sammelte nicht nur kenntnisreich altägyptische Kunst, kaufte zeitgenössische Gemälde und wertvolle Pelze, auch ihre Immobilien-Investitionen in Häuser und Wohnungen auf Long Island oder Palm Beach erwiesen sich als lukrativ. Die Lennons besaßen darüber hinaus vier Farmen, von denen sie wöchentlich frische Produkte bezogen. Von ihren 250 Holstein-Kühen sollte später eine mit 265 000 Dollar einen noch nie dagewesenen Rekordpreis erzielen. Im Dakota-Gebäude kauften die Lennons jetzt jedes frei werdende Apartment, ihr

Reichtum war inzwischen Legende. So konnte Elton John auf einer Glückwunschkarte zu Lennons 40. Geburtstag später ironisch reimen: »Imagine six apartments / It isn't hard to do / One is full of fur coats / The other's full of shoes.«

Als Lennons Plattenvertrag mit EMI / Capitol im Januar 1976 auslief, fühlte er sich zum ersten Mal seit vierzehn Jahren von jeglichem Produktionsdruck befreit. Kein Wunder, dass er in dieser entspannten Situation die Muße fand, Ringo im April 1976 bei dessen Album *Rotogravure* zu helfen. In dieser Zeit begann er auch zahlreiche »demo recordings« von neuen eigenen Songs wie *Sally And Billy* oder *She Is A Friend Of Dorothy's* aufzunehmen. Diese verborgenen musikalischen Aktivitäten, die erst in Form von Kassettenaufnahmen nach Lennons Tod bekannt wurden, dementieren sein 1980 oft wiederholtes Bekenntnis: »Ich habe in den letzten fünf Jahren keine Gitarre angerührt.« (zit. n. Doggett 2005, S. 275) Unstrittig ist jedoch, dass er im Frühjahr 1976 mit den Arbeiten an seinem dritten Buch *Skywriting By Word Of Mouth* begann. Die Textsammlung erschien postum erst zehn Jahre später.

Skywriting By Word Of Mouth, vgl. S. 119 f.

Als Lennon im März die Mitteilung erhielt, sein inzwischen 64-jähriger Vater liege im Sterben, telefonierte er sofort mit ihm und schickte ihm Blumen. Freddie Lennon starb am 1. April. Vor seinem Tod hatte er seinem Sohn noch einen langen Brief geschrieben, in dem er sich dafür entschuldigte, dass er ihn in seiner Kindheit vernachlässigt hatte. Bei John rief dieses späte Geständnis nicht nur den Gedanken an die eigene Sterblichkeit wach, sondern vor allem die schmerzliche Erinnerung an den tragischen Verlust der Mutter. Für mehrere Monate versank er in einer schwermütigen Stim-

> »Im Leben selbst liegt die Spannung – darin, dass ich jeden Morgen aufwache und einen weiteren Tag verbringe.« (John Lennon 1980 auf die Frage, ob sein Leben nach wie vor aufregend sei; zit. n. Wiener 1984, S. 284)

mung. Ablenkung suchte er im Sommer 1977 – inzwischen im Besitz der ersehnten unbefristeten Aufenthaltserlaubnis für die USA – auf einer mehrmonatigen Reise mit Yoko nach

Japan. Zurück in New York im Oktober, schrieb er sich seine Melancholie in neuen Songskizzen von der Seele.

Diese stillen, privaten Jahre Lennons wurden von seinen Biographen später ganz unterschiedlich bewertet: Während die einen, z. B. Albert Goldman, ihn in diesen fünf Jahren als paranoid, einsam und depressiv, als einen suchtgefährdeten TV-Junkie charakterisieren, sehen andere wie z. B. Ray Coleman in ihm den fürsorglichen Feministen, der seine Vaterschaft als Emanzipationschance begriff: »Ich kenne jetzt genau die Sorgen und Leiden der Millionen von Hausfrauen. Ich habe auch oft nur von Mahlzeit zu Mahlzeit denken können.« (zit. n. Wiener 1984, S. 286) Lennon erfuhr an seiner eigenen Person, wie wenig soziale Anerkennung eine Hausfrau und Mutter für ihren mühevollen Job erhält. Gleichzeitig boten ihm diese praktischen Lebenserfahrungen die Möglichkeit, mit dem eigenen zerrissenen Ego Frieden zu schließen, mental zur Ruhe zu kommen. Regelmäßige, nachmittägliche Café-Besuche im »La Fortuna« ganz in der Nähe des Dakota-Gebäudes, oft mit Sean und Yoko, immer aber mit Cappuccino und intensiver Lektüre der Tageszeitungen, dokumentierten in den späten Siebzigern Lennons entspannten Alltag.

Feminist, vgl. S. 105 f.

Am 27. Mai 1979 überraschten Lennon / Ono die Öffentlichkeit mit ganzseitigen Zeitungsanzeigen in New York, London und Tokio. »A Love Letter From Yoko And John To People Who Ask Us What, When And Why« beteuerte in typischer Ono-Poesie, dass man seinen inneren Frieden gefunden habe, dass Sean ein wundervolles Kind und auch die Welt wunderbar sei, wenn man nur genau hinschaue. Ein Frühjahrsputz habe auch die Seelen von John und Yoko gereinigt. Einen Monat später unternahm Lennon den schon lange ersehnten Segeltörn zu den Bermudas. Zuvor hatte er ein paar Wochen Segelunterricht auf Long Island genommen, nahe dem Sommerhaus der Lennons. Schon als Kind war er durch die Liverpooler Docks gestromert und hatte den ausfahrenden Schiffen sehnsuchtsvoll nachgeschaut. Anfang Juni gab Yoko ihm endlich grünes Licht – ihr japanischer Astrologe hatte ihr versichert, die Sterne stünden gerade günstig. Zusammen mit drei erfahrenen Seeleuten machte sich Lennon an Bord der

Vgl. S. 107

Hochseeyacht »Megan Jaye« auf den Weg. Schon bald geriet das Schiff in schwere Stürme, und Lennon, der als einziger nicht seekrank wurde, musste am Steuer seinen Mann stehen. Als sie nach sechs turbulenten Tagen und Nächten auf den Bermudas ankamen, war aus John ein anderer Mensch geworden. Wie in einer Katharsis schien der Kampf mit den Urgewalten des Meeres seinen Geist gereinigt zu haben.

Auf seinen Trip hatte Lennon eine Gitarre, ein Aufnahmegerät und eine kleine Rhythmusmaschine mitgenommen – in der Hoffnung, endlich einige seiner Songskizzen vollenden zu können. »Nach den Erfahrungen auf See sprühte ich vor Konzentration. Ich fühlte mich im Einklang mit dem Kosmos – und all die Songs sprudelten nur so hervor.« (zit. n. Hunt 2005, S. 140) Als er dann mit Sean, den er zu sich geholt hatte, eine Disco betrat und *Rock Lobster* von den B-52s hörte, spürte er, dass die Saat der Lennon / Ono-Experimente eine Dekade zuvor aufgegangen war. Lieder wie *Borrowed Time*, *Stepping Out* oder *I'm Losing You* entstanden innerhalb von Stunden. Mehrmals am Tag telefonierte er mit Yoko in New York, und sie

»In dem Moment, als ich John auf den Bermudas gegenübertrat, spürte ich den Unterschied. Er hatte eine Bürde abgeworfen, die er fünf Jahre lang im Dakota mit sich herumgeschleppt hatte. Die ganze Zeit, die ich ihn kannte, war er mir irgendwie gebeugt vorgekommen. Jetzt war er braungebrannt und strahlte Gesundheit und Vitalität aus.« (Lennons Assistent Fred Seaman über seinen verwandelten Chef nach dessen Segeltour; zit. n. Hunt 2005, S. 140)

spielten sich wechselseitig ihre neuesten Songideen vor. Auf einem Spaziergang durch den botanischen Garten der Insel entdeckte Lennon in einem Freesien-Beet auch den passenden Namen für das geplante neue Album: *Double Fantasy*. *Double Fantasy* Ein paar Wochen später, zurück in New York, buchte Lennon sofort das Hit Factory Studio. Anfang August kündigte er in einer gemeinsamen Pressemitteilung mit Yoko das kommende Album an. Der Grund für seine Rückkehr ins Musikgeschäft sei simpel gewesen: »Du atmest ein, du atmest aus.«

(zit. n. Du Noyer 1999, S. 100) Am 6. August begannen unter
der Ägide des Produzenten Jack Douglas die Aufnahmen mit
handverlesenen Studiomusikern wie z. B. den beiden Gitar-
ris-ten Hugh McCracken und Earl Slick, die beide schon mit
Lennon gearbeitet hatten. Ursprünglich war geplant, sieben
Lennon-Songs auf Seite A und sieben Ono-Titel auf Seite B
des Albums zu veröffentlichen. Doch Yoko protestierte bald:
»Kein Mensch wird das Album jemals rumdrehen!« (zit. n.
Hunt 2005, S. 143) Wegen dieser Befürchtung setzte sie die
dialogische Struktur von *Double Fantasy* durch: Auf einen
Lennon-Song sollte ein Ono-Stück folgen. Konzipiert war
das Album als *A Heart Play* zwischen einem verheirateten
Paar: wechselnde Betrachtungen über Liebe und Verzweif-
lung, Sehnsucht und freundliche Partnerschaft.

In den 115 Studio-Stunden schweißte Lennon die Band immer
mehr zusammen. Instinktiv wusste er, dass *I'm Losing You*
wohl die populärste Nummer werden würde, und wählte sie
als Single-Veröffentlichung aus. Leider erschien die wirklich
elektrisierende Version des Stücks mit den beiden Cheap-
Trick-Musikern Bun E. Carlos und Rick Nielsen erst im November 1998 in der von Yoko Ono herausgegebenen *Anthology*-Box. Hervorgegangen aus der Songskizze *Stranger's Room,*
beklagt Lennon hier seine Einsamkeit, seine Frustration,
wenn er Yoko Ono telefonisch wieder mal nicht erreichen
konnte. Ihre harsche Erwiderung *I'm Moving On* geht zurück
auf das Jahr 1973, als sich ihre Ehe in einer ernsten Krise befand. Nur so sind die abfälligen Sätze über Johns Charakter
zu verstehen: »You know I'll see you through your jive. [...]
You're giving me your window smile. [...] You're getting pho-
ney.«

Vgl. S. 129

Schon dieses Beispiel zeigt, dass es sich bei *Double Fantasy*
keineswegs um jenes eindimensionale Gemälde perfekter
Paar-Harmonie handelte, das Kritiker immer wieder unter-
stellt haben. In *Beautiful Boy*, einer zärtlichen Hommage an
seinen Sohn Sean, gelingen Lennon Sätze von zeitlosem
Charme: »Life is what happens to you while you're busy making other plans.« Yoko antwortet darauf mit ihrem Song
Beautiful Boys, in dem sie ihren Mann tröstet: »Your mind has

changed the world. [...] And still feel somehow empty.« Neben seiner überragenden Unabhängigkeitserklärung *Watching The Wheels* war es vor allem Lennons *Woman*-Song, mit dem er sich angreifbar machte. Dieser Abgesang auf den männlichen Rock-Chauvinismus und alle Macho-Tugenden verärgerte viele Kritiker. Für eine Zeile wie »Woman, you understand / The little child inside the man« warf man ihm »Infantilisierung« vor.

Watching The Wheels, vgl. S. 106 ff.

> »Die Geschichte meiner Beziehungen zu Frauen ist ziemlich armselig, sehr machomäßig, ganz typisch für einen gewissen Typ Mann, der sehr feinfühlig und unsicher ist, aber aggressiv und machohaft auftritt – immer mit dem Versuch, die sensible Seite zu verbergen, wozu ich ja auch neige.« (John Lennon 1970 über seinen Song *Woman* als Entschuldigungsgeste; zit. n. Henke 2003, S. 59)

Vor diesem Hintergrund wundert es nicht, dass *Double Fantasy* bei seinem Erscheinen am 17. November 1980 unter den Rockkritikern keine große Begeisterung hervorrief. Als lang ersehntes Lennon-Comeback-Album war es ihnen zu harmlos und musikalisch geradezu schizophren. Zweifelsohne war der Ex-Beatle der bessere Song-Schreiber, doch seine vielgeschmähte Frau Yoko signalisierte mit ihren musikalischen Beiträgen eine Beziehung zum zeitgenössischen Dancefloor in der New Yorker Club-Szene. Auch wirkten ihre Texte weniger harmoniesüchtig und ein wenig schärfer im Ton. Alles in allem klang *Double Fantasy* wie das Übergangswerk eines Mannes, der sich bei seinem Karriere-Neustart mehr auf handwerkliche Erfahrung als auf zündende Inspiration und cleveren Instinkt verlassen hatte. Nur so wird begreifbar, warum er einen superben Rock-Kracher wie *Nobody Told Me* von der wichtigen Comeback-Veröffentlichung auf das für das nächste Jahr geplante Nachfolge-Album *Milk And Honey* verbannte. Einem John Lennon der frühen siebziger Jahre wäre so ein strategischer Fehler nicht passiert!

Im Dezember 1980 war Lennon voller Enthusiasmus. Er plante mit dem neuen Song-Material für das kommende Frühjahr

Neuanfang?

eine Konzerttournee durch Japan, Europa und die USA mit einer abschließenden Satelliten-TV-Übertragung für den Rest der Welt. Ausführliche Interviews im *Playboy*, in *Newsweek* und dem *Rolling Stone* zeugten von Lennons wiedererwachtem Wortwitz und seiner kreativen Ungeduld. Am 8. Dezember, einem ungewöhnlich milden Montag in New York, äußerten sich die Lennons in einem Gespräch mit dem »RKO Radio Network« noch einmal ausführlich über ihre künstlerische Wiedergeburt. John beteuerte in dem Rundfunkgespräch: »Ich glaube noch immer an die Liebe, ich glaube noch immer an den Frieden, und ich glaube noch immer an das positive Denken« (zit. n. Hunt 2005, S. 111) – nicht ahnend, dass keine zehn Stunden später all diese Hoffnungen brutal Lügen gestraft werden sollten.

Am späten Nachmittag fuhr das Paar noch einmal ins Hit Factory Studio, um an Yoko Onos geplanter Single *Walking On Thin Ice* zu arbeiten. Lennon versprach sich von der metaphorischen Stärke des Stücks »eine neue Ära der Lennon / Ono Musik. *Dies* ist die Richtung!«, beteuerte er mehrmals an dieser letzten Mix-Session. (zit. n. Doggett 2005, S. 306) In der Tat eroberte sich das Paar mit diesem Titel erneut einen Platz in der Avantgarde, und Yoko Ono hatte 1981 damit ihren ersten und einzigen Hit. Das schaurig-schimmernde Sounddesign, das Lennon dem Song gab, die perkussive Sogwirkung in Verbindung mit einem Power-Riff der Gitarre – all das erzeugte den Eindruck von Eis, das unter dem Gewicht eines Menschen kracht und bricht. So ähnlich muss es geklungen haben, als John Lennon – von Mark Chapmans Kugeln tödlich getroffen – im Eingang des Dakota-Gebäudes stürzte und die Kassetten mit den »rough mixes« von *Walking On Thin Ice* auf dem Boden verstreute.

Mark Chapman kurz nach seiner Verhaftung

Werk

John Lennon hat sich immer als politischer Künstler begriffen – in seinen letzten Lebensjahren getreu der Devise: Auch das Private ist politisch. Und doch hat er sich – in dieser Hinsicht nur seinem frühen Vorbild Bob Dylan vergleichbar – zeit seines Lebens nie von irgendwelchen Bewegungen und Organisationen vereinnahmen lassen, die ihn zu ihrem Sprachrohr machen wollten. Er war überzeugter Lennonist, niemals Leninist. Dies demonstrierte er zuallererst als Sänger mit seinen suggestiven Liedern. Doch auch seine schriftstellerischen Arbeiten, seine Filme, Zeichnungen und Kunstaktionen trugen das Signum zärtlicher Aufsässigkeit.

Die Songs

Aus den mehr als 300 Kompositionen, die John Lennon mit den Beatles und danach in seiner Solo-Karriere verfasst hat, werden im Folgenden nur diejenigen vorgestellt, die für sein Selbstverständnis zentral scheinen. Zugleich sind es jene Songs, die nicht allein die zeittypischen Stimmungslagen ihrer Entstehung reflektieren, sondern darüber hinaus längst ihre ästhetische Autonomie im Kunst-Kanon des 21. Jahrhunderts bewiesen haben. Sie sind Bestandteil von Schulbüchern und inspirieren noch immer Jugendliche nachhaltig in ihrer musikalischen Sozialisation.

Please Please Me

LP (UK) The Beatles: *Please Please Me*. Parlophone PCS 3042 stereo, März 1963

Von John Lennon im vorderen Schlafzimmer von Tante Mimis Haus in der Menlove Avenue geschrieben – »Ich erinnere mich noch an die rosa Tagesdecke auf dem Bett.« (zit. n. Turner 1994, S. 22) –, spiegelt der unschuldig daherkommende Song Einflüsse von Roy Orbison (*Only The Lonely*) und den Everly Brothers. Die erste Version des Stücks, am 4. September 1962 am Ende der *Love-Me-Do*-Session geprobt, wirkte auf George Martin gleich wie ein potentieller Ohrwurm. Er ermunterte die Beatles, weiter an dem Song zu feilen. Als sie

Vgl. S. 30

am 26. November in die Abbey Road Studios zurückkehrten, hatten sie den Song um einige prägnante Gitarrenfiguren Harrisons erweitert – das einleitende Motiv wird von einer Mundharmonika gedoppelt – und die Gesangsstimmen praktisch über einen einzigen hämmernden Akkord gelegt. Der Chorus (»Come on, come on«) steigert sich im Ruf-Antwort-Verfahren dramatisch in bester Orbison-Manier, während in der Melodieführung die Reminiszenzen an den Nr. 1-Hit der Everly Brothers aus dem Jahr 1960 *Cathy's Clown* – eine Lieblingsnummer von John und Paul – nicht zu überhören sind.

»Diese Jungs besitzen genug Originalität, um unsere Hitparaden zu stürmen, genau wie sie es hier schon getan haben.« (Roy Orbison über die Beatles; zit. n. Turner 1994, S. 22)

Die amerikanische Plattenfirma Capitol Records fürchtete sogleich, der Text könne als Aufforderung zum »oral sex« verstanden werden. In der Erinnerung von John ging das Lied aber auf das Bing-Crosby-Lied *Please* zurück. Seine Mutter hatte ihm als Kind oft die Zeilen vorgesungen: »Oh please lend your little ears to my pleas.« Für den Sprachspieler Lennon war der Gleichklang bei unterschiedlichen Bedeutungen von »please« und »pleas« natürlich ein willkommener Witz. *Please Please Me* wurde in weniger als einem Tag eingespielt und entfaltete mit seiner Rauheit und Respektlosigkeit in der britischen Rockszene eine schockierende Wirkung. Als die Beatles dann im Mai 1963 Roy Orbison, den geistigen Mentor dieser ersten Hitsingle, auf einer England-Tournee begleiteten, fiel diesem die Nähe des Songs zu seinen eigenen Kompositionen zunächst nicht auf. Erst im Juni 1987, bei einer Feier zum 20. Jahrestag von *Sgt. Pepper,* erfuhr Orbison von George Martin, »dass *Please Please Me* anfangs so stark nach mir klang, dass sie es etwas verändern mussten. Schön, so etwas noch herauszufinden« (zit. n. Turner 1994, S. 22). Im Jahr 1963 war Roy selbst zum Beatles-Fan geworden und ermutigte die Fab Four, nach Amerika auf Tour zu gehen.

Roy Orbison

I'm A Loser

LP (UK) The Beatles: *Beatles For Sale*. Parlophone PCS 3062 stereo, Dezember 1964

»Irgendwann, ich weiß nicht genau, ob es mit *I'm A Loser* oder *You've Got To Hide Your Love Away* war, begann ich über meine eigenen Gefühle nachzudenken, anstatt mich in irgendeine Situation hineinzuversetzen.« (zit. n. The Beatles 2000, S. 158) In *I'm A Loser*, geschrieben im Sommer 1964, zerstörte Lennon das Klischee der heilen Beatles-Welt und begann den Song stattdessen mit einer krisenhaften Introspektion: »I'm a Loser / I'm a Loser / And I'm not what I appear to be.« Sein Ich war gespalten: In der Öffentlichkeit gehorchte es den Gesetzen des Ruhms, im Privaten zerfiel seine Identität.

Vgl. S. 33

Gerade hatte John zum ersten Mal in Paris Bob Dylan gehört und begann intuitiv, sich diesen Sound mit Akustikgitarre und klagender Mundharmonika anzuverwandeln. Heraus kam *I'm A Loser*, eine Mischung aus Folk-Ballade und Blues. Die abfallende Melodielinie signalisiert symbolisch den Absturz der Psyche. Melodie und Bedeutung ergänzen sich hier perfekt. Vordergründig betrachtet, geht es wie in vielen Liebesliedern der Beatles einmal mehr um den Verlust einer Freundin, doch im Subtext schwingt Lennons Psychodrama mit. Er fühlte sich nicht nur als Verlierer in der Liebe, sondern als Verlierer im Leben: »Although I laugh and I act like a clown / Beneath this mask I am wearing a frown.« Bis dato hätte sich Lennon niemals getraut, ein Wort wie »Clown« in seinen Songs zu verwenden. Dylan hatte es ihm vorgemacht, und auch die Formulierung »hinter der Maske« verweist auf den amerikanischen Sänger. Nicht zufällig wird Dylan als »Mann der Masken« apostrophiert, der sich immer wieder neu erfindet, um sein wahres Ego hinter einer Vielzahl von Maskierungen zu verbergen. Obwohl Lennon sofort zugab, dass Dylan starken Einfluss auf dieses Lied hatte, dürfte er bei *I'm A Loser* noch einem anderen Impuls gefolgt sein: Der BBC-Fernsehjournalist Kenneth Allsop hatte Johns Geschichtensammlung *In His Own Write* gelesen und war vom literarischen Sprachwitz des Beatle hingerissen. Als er dann am 23. März Lennon zum ersten Mal interviewte, ermutigte er ihn,

Vorbild Bob Dylan

Vgl. S. 35 u. S. 116 f.

doch Songs mit der gleichen sprachlichen Imaginationskraft wie in seinem Buch zu schreiben und sich nicht länger auf Pop-Klischees vom Schlage »Sie liebt ihn, er liebt sie« zu beschränken. Allsop schlug Lennon vor, seine Lieder stärker autobiographisch auszurichten. Der nahm sich diese Ermunterung zu Herzen und entdeckte unter der Oberfläche des Superstars den Verlierer in sich.

Help

LP (UK) The Beatles: *Help*. Parlophone PCS 3071 stereo, August 1965

Als sich Anfang April 1965 entschied, dass der geplante zweite Beatles-Film *Eight Arms To Hold You* in *Help* umbenannt werden sollte, machten sich Lennon und McCartney sofort getrennt an die Arbeit, um den Titelsong zu komponieren. Lennon gewann das Rennen und schrieb einen seiner ersten »message songs«, der die desolate Verfassung seines Urhebers spiegelte: »Help! I need somebody / Help! Not just anybody / Help! You know I need someone / Help! [...] When I was younger so much, younger than today / I never needed anybody's help in any way / But now these days are gone / I'm not so self assured / Now I find I've changed my mind / I've opened up the door.« Lennon gesteht sich hier erstmals die eigene Richtungslosigkeit ein. Das Beatle-Leben als Superstar machte zwar kurzfristig Spaß, aber hatte kaum künstlerische Zukunft. Was einst authentisch war, war mittlerweile zur Pose erstarrt – hinter dem Glamour des Erfolgs verbargen sich Leere und Konfusion. Nach eigener Aussage aß und trank Lennon damals unmäßig viel. In seiner überdimensionierten Villa in Weybridge fühlte er sich in der Ehe mit Cynthia zunehmend gefangen und unverstanden. Hatte er sich auf Tournee schon oft in wilde Orgien und Saufgelage geflüchtet, so wurde ihm jetzt klar, wie ausgebrannt er in Wahrheit war. Später nannte John diese Phase seine »Fat-Elvis-

Hilfreiche Ukulele: Viele frühe Beatles-Lieder entstanden backstage.

Vgl. S. 34

Periode«, in der er sich ebenso übergewichtig und orientierungslos fühlte wie der »King«. Gleichzeitig konnte Lennon aber in dem *Help*-Song zum ersten Mal seit dem Tod seiner Mutter seine inneren Ängste und Verstörungen zeigen. »Die einzigen echten Songs, die ich je geschrieben habe, waren *Help* und *Strawberry Fields Forever*. Das waren ganz persönliche Aufnahmen, das waren diejenigen, die ich aus ureigener Erfahrung schrieb und bei denen ich mich nicht in irgendeine Situation hineinversetzen oder eine nette Geschichte erfinden musste, die ich eigentlich unecht fand. Der Text von *Help* ist heute noch so gut, wie er damals war. Ich war es allein, der um Hilfe rief, und ich meinte es auch so.« (zit. n. Wenner 2002, S. 29) Der melancholische h-Moll-Akkord, mit dem das Lied einsetzt, gibt die Gefühlslage vor: Angst, Unbehagen, Spannung. Kein konsolidierender Mittelteil sorgt für Auflockerung. Lennon scheint hier am Leben als Superstar zu verzweifeln. Groupies, Orgien, Alkohol, Drogen – das konnte nicht der Sinn der Sache sein.

»Die Beatles-Touren waren wie Fellinis ›Satyricon‹.« (John Lennon 1970 über die verschwiegenen Orgien und Saufgelage vorangegangener Tourneen; zit. n. Wenner 2002, S. 81)

In My Life

LP (UK) The Beatles: *Rubber Soul*. Parlophone PCS 3075 stereo, Dezember 1965

Die am 18. Oktober 1964 begonnene Aufnahme signalisiert Vgl. S. 36 im Beatles-Œuvre eine neue Ernsthaftigkeit. Die Erinnerungsschwere früherer Orte, der Nachklang von Freundschaften und Begegnungen – all das korrespondiert hier mit der Faszination einer neuen Liebe. Auf einer imaginären Busfahrt von Tante Mimis Haus in der Menlove Avenue in die Stadtmitte Liverpools lässt John zentrale Orte seiner Kindheit wie Penny Lane, Strawberry Fields, das Tom Sheds Depot, das Abbey Cinema oder Docker's Umbrella – die Hochbahn, unter der die Dockarbeiter bei heftigem Regen Schutz suchen – Revue passieren. Ursprünglich ein langes, noch planlos wir-

Vgl. S. 28

kendes Gedicht, verströmt der Liedtext eine betörende Melancholie. In den stark autobiographisch gefärbten Zeilen scheint Lennon nicht zuletzt an den verstorbenen Freund Stuart Sutcliffe zu denken. Bei aller ruhig dahintreibenden Schwermut verrät der Song, dass John im Grunde seines Herzens ein sentimentaler Mensch war. Während die schlichte, aber anrührende erste Strophe (»There are places I'll remember / All my life, though some have changed«) als elegische Hommage an die Vergangenheit von Anfang an feststand, war der nachfolgende Text im Originalmanuskript nur eine ausufernde Aufzählung von Erinnerungsstätten in den Liverpooler Vororten. Paul McCartney half ihm dann, das Lied zu verdichten und zu strukturieren, ohne dass es in eine endlose Wiederholung identisch wirkender Strophen ausferte. Auch reklamierte Paul seinen Anteil an der Komposition der suggestiven Melodielinie, die angeblich von den Miracles inspiriert sei. Bemerkenswert an der Urfassung von *In My Life* ist auch, dass es John Lennon und nicht McCartney war, der zum ersten Mal der vertrauten Busstation Penny Lane in einem Song huldigte. In seiner Endfassung hat sich die tränenfeuchte Erinnerung an die Verlockungen der Vergangenheit in eine Hommage an die Heilkräfte romantischer Liebe verwandelt. Die Schlüsselzeile lautete jetzt: »These memories lose their meaning / When I think of love as something new«. Der ernstere Ton, den dieser Song anschlägt, Gedanken an Verlust und Tod, mündet in eine Art »rauschhafte Milde« (zit. n. MacDonald 2000, S. 186). George Martin spielte das perlende E-Piano-Solo zunächst mit halber Geschwindigkeit ein, um es dann mit normaler Geschwindigkeit und eine Oktave höher wie eine perfekte Barock-Imitation klingen zu lassen.

Tomorrow Never Knows

LP (UK) The Beatles: *Revolver*. Parlophone PCS 7009 stereo, August 1966

Zuallererst ist das Stück eine unvergleichliche Sound-Skulptur mit rückwärts laufenden Gitarrenlinien, Tambura, Sitar und Bandeinspielungen von Möwengeschrei, Indianerlachen, Mellotron-Flöten und Streicherklängen. Wie ein »Gesang von tausend Affen« sollte nach Lennons Vorstellung der Song klingen. Er wurde zum experimentellsten Stück, das die Beatles bis zum Jahr 1966 aufgenommen hatten. Lennons Idee zu dem Lied ging auf die Drogenbibel *Psychedelic Experiences* der beiden Harvard-Professoren Timothy Leary und Richard Alpert zurück. Die beiden legten in einer Nachdichtung des uralten *Tibetanischen Totenbuchs* eine Art Handbuch zur Bewusstseinserweiterung vor, um für die Droge LSD einen spirituellen Bezugsrahmen zu schaffen. Lennon hatte den Tipp von seinem Freund Barry Miles, Inhaber des Buchladens »Indica Books« bekommen. In starker Anlehnung an die Prinzipien des tibetanischen Buddhismus predigte der Hohepriester der Hippie-Philosophie, Timothy Leary (»Turn On, Tune In, Drop Out«), das wahre Ich aus der Leere zu schöpfen (»Lay down / All thought surrender to the void«). Lennon entwickelte die Vision, durch einen Bordunklang von Bass, Tambura und Sitar eine Art »kosmischen Grundton des Universums« aufsteigen zu lassen. In der endgültigen Mischung des Songs verschmelzen all die Soundeffekte zu einem einzigen bewusstseinserweiternden Panorama (»but listen to the colour of your dreams«). Für den Beatles-Exegeten Ian MacDonald ist *Tomorrow Never Knows* dann auch dasselbe, »was Berlioz' *Symphonie fantastique* für die Orchestermusik des 19. Jahrhunderts war« (zit. n. MacDonald 2000, S. 206).

Vgl. S. 37

Strawberry Fields Forever

Single B-Seite (UK) The Beatles: Parlophone R 5570, Februar 1967

Der Aufnahmeprozess des Songs, der am 24. November 1966 begann und sich über fünf Wochen hinzog, versammelte all das, was die Beatles in vier Jahren musikalisch erreicht hatten und ging weit darüber hinaus: Das Spiel mit variablen Bandgeschwindigkeiten und rückwärts laufenden Loops, der Einsatz exotischer und elektronischer Instrumente – von pakistanisch-indischer Svarmandal-Zither bis zum Mellotron –, die Verschmelzung von klassisch-orchestralem Klang mit Rocksounds – all das war damals unerhört.

Vgl. S. 40 f.

»*Strawberry Fields Forever* war im Grunde nichts anderes als Psychoanalyse in musikalischer Form«, erinnert sich John später. (zit. n. The Beatles 2000, S. 231) Vermutlich unter LSD-Einfluss träumte er sich in seine Kindheit zurück. Ganz in der Nähe von Tante Mimis Haus lag in der Beaconsfield Road ein Waisenhaus der Heilsarmee namens Strawberry Fields. »Als Kind ging ich immer mit meinen Freunden Ivan, Nigel und Pete zu ihren Gartenfesten. Wir stromerten auf dem Gelände herum und verkauften Limonade für einen Penny. Auf Strawberry Fields hatten wir immer eine Menge Spaß.« (zit n. Elliott 1999, S. 59) Die gotische Düsternis des Gebäudes zusammen mit einem verwunschenen Garten übte auf den jugendlichen Lennon ein unheimliche Faszination aus. Hier konnte er seiner wild wuchernden Phantasie freien Lauf lassen.

»Das wahre Thema der englischen Psychedelia war nicht die Liebe, auch nicht die Drogen, sondern die nostalgische Sehnsucht nach der naiven Vision des Kindes.« (Der Beatles-Exeget Ian MacDonald über *Strawberry Fields Forever*; zit. n. MacDonald 2000, S. 234)

Schon die Einleitung des Songs mit dem Mellotron schafft eine traumverlorene Atmosphäre von Traurigkeit. Der Hörer spürt, dass Lennon hier nicht selbstbewusst auftrumpft, sondern sich seiner Selbstzweifel, seiner brüchigen Identität musikalisch bewusst wird. Die Beatles nahmen in 55 Stunden drei gänzlich unterschiedliche Fassungen des Stücks auf. In der ersten Version dominierte noch die sehnsüchtige Slide-Gitarre von George Harrison das Sound-Design. Eine zweite, langsamere Fassung entstand mit Gitarre, Bass, Schlagzeug, Mellotron, Klavier, Maracas u. a. Doch auch diese Aufnahme entsprach nicht Lennons Klangvision. Eine dritte, etwas schnellere Version mit härterem und wilderem Schlagzeugbeat, mit Bläsern, Streichern und rückwärts laufenden Cymbal-Sounds wurde eingespielt. Jetzt hatte Lennon den genialen Einfall, die Rock-Version in die orchestrale Version organisch hinübergleiten zu lassen. Heraus kam eine faszinierende Tondichtung mit einer bis dato in der Popmusik nie gehörten Stimmungsdichte und Sprachbildern von unerhörter emotionaler Resonanz.

»Living is easy with eyes closed / Misunderstanding all you see / It's getting hard to be someone«, heißt es in der ersten Strophe. Lennon scheint hier auf die mediale Stresssituation anzuspielen, die seine provokanten Jesus-Äußerungen zuvor ausgelöst haben. Sein Selbst erscheint ihm nur im Durchgang durch persönliche Kämpfe und interpersonale Differenzen fassbar zu werden. Der Preis für eine stabile Individualität ist Isolation (»No one I think is in my tree«). Der Song spiegelt in seiner sprachlichen Instabilität, dauernden Erzählstopps (»I think, I know, I mean«) und musikalischem Wagnis, dass Lennon sich in einer zutiefst verwirrenden Phase seines Lebens befand.

A Day In The Life

LP (UK) The Beatles: *Sgt. Pepper's Lonely Hearts Club Band*. Parlophone PCS 7027 stereo, Juni 1967

Am 19. Januar 1967 begannen die Beatles mit der Arbeit an der Lennon / McCartney-Koproduktion, zu der beide verschiedene Songteile beisteuerten: Während John für den hypnotischen Anfang (»I read the news today, oh boy / About a lucky man who made the grade«) und das grandiose Ende (»I read the news today, oh boy / Four thousand holes in Blackburn, Lancashire«) verantwortlich war, steuerte Paul den beinahe fröhlichen Mittelteil (»Woke up, fell out of bed«) bei. Ursprünglich hatte McCartney den Text für einen anderen Song verfasst, doch er beschloss, seine Zeilen in den Song von John zu implementieren, weil der mit dem neuen Stück nicht recht weiterkam.

Das Album definierte den Zeitgeist der späten sechziger Jahre.

Der Text spielt zunächst auf den tödlichen Verkehrsunfall eines Freundes an, erwähnt den Sieg der englischen Armee im Zweiten Weltkrieg, schwenkt zu Erinnerungen an den fast verpassten Schulbus und endet mit der Nachricht über mysteriöse Löcher in Lancashire. Letztlich handelt das Lied jedoch von den verstörenden Übergängen zwischen Fakten und Fiktion. Lennon spürte hier, wie eng »die Grenzen der weltlichen Wahrnehmung sind« (zit. n. MacDonald 2000, S. 248), wie sehr diese vom Informationsgehalt der Medien geprägt wird.

Der Song bezieht sich auf Artikel in der Zeitung *Daily Mail* vom 17. Januar 1967, die zufällig auf Johns Klavier lag, während er an dem neuen Song arbeitete. Eine Meldung berichte-

te vom Unfalltod des Guinness-Erben und Millionärsfreundes Tara Browne, der mit seinem Lotus Elan im Londoner Stadtteil Earl's Court in einen parkenden LKW gerast war. Lennon war fest davon überzeugt, dass der Unfall unter dem Einfluss bewusstseinsverändernder Substanzen passiert sein musste. Auf Seite 7 der Zeitung fand er in der Rubrik »Far And Near« eine absurde Nachricht

Zertrümmerter Sportwagen von Tara Browne

mit einer noch verrückteren Hochrechnung: »Die Straße in Blackburn, Lancashire, hat 4 000 Löcher, das sind, nach einer Schätzung des Stadtrats, ein Loch auf 26 Personen. Wenn Blackburn ein typisches Beispiel ist, dann gibt es 2 Millionen Löcher auf Großbritanniens Straßen, davon 300 000 in London.« (zit. n. Harry 1992, S. 188) John spinnt den wahnwitzigen Gedanken weiter und fragt in dem Lied, wie viele Löcher wohl notwendig sind, um die Royal Albert Hall zu füllen. Erst die Kombination der einzelnen Meldungen – konterkariert von Pauls nostalgischer Erinnerung an den morgendlichen Stress, wenn man den Schulbus gerade noch erwischen wollte – machen die poetische Subversion dieses Liedes aus.

Nachdem Johns und Pauls Songteile zusammengesetzt waren, ergab sich noch eine Lücke von 24 Takten, die George Martin füllen musste. Lennon wünschte sich einen »Sound wie vom Ende der Welt«. Paul hatte dann die Idee zu dem kakophonischen Orchester-Crescendo, bei dem vierzig Musiker, Streicher und Bläser, von der tiefsten bis zur höchsten Note bei anschwellender Lautstärke spielen. Wie ein langsames Erwachen aus tiefem Schlaf wirkt das ansteigende Glissando, das im Song zweimal auftaucht. Dazu kommt die absolut originelle Klavier- und Bass-Begleitung von McCartney, die sich Lennons traumverlorenem Gesang perfekt anschmiegt.

Werk

Der skrupulöse Beatles-Interpret Ian McDonald spricht von einem »mystisch psychedelischen Optimismus« (zit. n. Mac-Donald 2000, S. 250), der das Lied wie eine Leuchtspur durchzieht. Was die atmosphärische Eindringlichkeit, die ir- Vgl. S. 44 ritierende und dennoch zugleich vollkommen organische Konstruktion des Songs angeht, markiert *A Day In the Life* den kreativen Höhepunkt im Werk der Beatles.

I Am The Walrus

Single B-Seite (UK) The Beatles: Parlophone R 5655, November 1967

Oft wird das Stück als harmloses Nonsens-Liedchen abgetan. Dabei ist es wohl der surrealste Protestsong aller Zeiten. Nicht Vgl. S. 46 nur spiegelt sich in den einleitenden Zeilen »I am he as you are he as you are me and we are all together« die fortschreiten-de Fragmentierung von Lennons Persönlichkeit, das ganze Lied ist von einem anti-institutionellen Ton, einer satirischen Verwirbelung abendländischer Werte wie Erziehung, Kunst, Kultur, Recht, Gesetz, Klasse oder Religion getragen. All das verdichtet sich zu einer fast hasserfüllten Abrechnung mit vordergründiger Normalität: »See how they run like pigs from a gun / See how they fly / I'm crying / Sitting on a cornflake waiting for the van to come / Corporation T-Shirt / Stupid bloody Tuesday / Man, you been a naughty boy / You let your face grow long / I am the eggman / They are the eggmen / I am the walrus / Goo goo a' job.« In seinem Versuch, die Leute ge-zielt zu verwirren, erinnerte sich John hier eines alten Non-sens-Reims, den englische Schulkinder zu seiner Zeit gern aufsagten: »Yellow matter custard, green slop pie. All mixed together with a dead dog's eye. Slap it on a butty, ten foot thick. Then wash it all down with a cup of cold sick.« Die Wendungen »yellow matter custard« und »a dead dog's eye« wurden unmittelbar in den Songtext übernommen.

»Stop making sense!« – man kann das Lied auch als Attacke auf Rationalität schlechthin verstehen. Möglicherweise ver-dankt es sich letztlich Lennons in jenen Tagen ausschweifen-dem LSD-Konsum. Die Liedstruktur ist von der auf- und abschwellenden Zwei-Ton-Sirene eines Polizeiwagens inspiriert und endet mit dem Ausschnitt einer Live-Übertragung von Shakespears *King Lear*, in die Lennon bei einer willkürlichen Sendersuche im Radio zufällig hineingeraten war. Den verwirrenden Strom der Bilder fing Martin mit seiner kongenialen Instrumentierung aus Violinen, Celli, Hörnern, Klarinetten und einem 16-köpfigen Chor ein.

God

LP (UK) John Lennon: *Plastic Ono Band*. Apple PCS 7124, Dezember 1970

Lennons hämmernde Abrechnung mit Verführern und Vorbildern, mit Göttern, Gurus und falschen Propheten: Eine erste Demo-Aufnahme nur mit akustischer Gitarre entstand

Vgl. S. 63 Ende Juni 1970, als er sich noch in Arthur Janovs kalifornischem »Primal Scream Institute« aufhielt. Zweieinhalb Monate zuvor hatte er durch einen Telefonanruf von McCartneys Ausstieg bei den Beatles erfahren. Lennon war wütend und enttäuscht und befand sich in einer Phase der schonungslosen Introspektion.

In einer frühen Demo-Version des Stücks beginnt Lennon mit einer bizarren Ansprache: »I had a message from above / And I'm here to tell you / That this message concerns our love / The angels must have sent me to deliver this to you / Now here me now, brothers and sisters«. Es ist ein ironischer Predigerton im Doo-Woop-Stil, den Lennon hier anschlägt – in bewusstem Gegensatz zur antichristlichen Botschaft des Songs. Denn der beginnt mit der suggestiven Zeile: »God is a concept / By which we measure our pain«.

Dieses Bekenntnis erlaubt einen unverstellten Blick auf Lennons religiöse Ernüchterung. Weit entfernt davon, sich irgendwelchen Erlösern – ob dem Maharishi oder Buddha – anzuvertrauen, versteht er Gott als bloße Abstraktion von zutiefst menschlichen Bedürfnissen. Wir können uns Gott nur von unserem Standpunkt des Menschseins aus vorstellen. Und unser Sein ist ein »Sein zum Tode«, von Schmerzen und Leiden begleitet. Gott übernimmt in diesem irdischen Jammertal die Funktion eines Gradmessers unserer Befindlichkeit. Nach dieser Grundthese des Songs – Lennon singt sie zweimal – setzt über hypnotischer Pendelharmonik von a-Moll und F-Dur eine Litanei ein, in deren Verlauf Lennon all die falschen Idole nennt, von denen er sich bis dato Erlösung versprochen hatte. Er beginnt mit dem Höchsten (»Gott«) und steigt anschließend in die niederen Regionen der Idolatrie herab. Jede Zurückweisung eines »alten Gottes« leitet Lennon mit der Deklaration ein: »I don't believe in …«. Er beginnt mit Magie, es folgen das chinesische Buch der Weisheit *I Ging*, die Bibel, Tarot-Karten, bevor er provozierend den »Führer« par excellence, Hitler, als Götzen zitiert. Auf ihn lässt er beinahe blasphemisch Jesus folgen, dann Kennedy, Buddha, indische Meditations-Mittel wie Mantra, Gita und Yoga, bevor er sich demonstrativ von »Königen« distanziert, gemeint sind Elvis und Zimmerman (Bob Dylans bürgerlicher Name). Für alle schockierend folgt dann Lennons Geständnis: »I don't believe in Beatles«. Wohl wissend, dass er damit nicht nur seine alten Freunde und Bandkollegen, sondern die Fans in aller Welt vor den Kopf stieß, kappte er hier bewusst die spirituelle Verbindung zu seinem bisherigen Leben, zu seiner Star-Existenz.

Nach seiner provokanten Distanzierung von den Beatles lässt Lennon mit dramaturgischem Gespür seine »Gott-ist-tot«-Aufzählung abrupt enden, macht eine dramatische Pause, bevor er sich in

Verkehrte Welt: Richard Nixon ernennt den tablettensüchtigen Elvis Presley zum »Drogen-Beauftragten«, 1970.

der Erkenntnis beruhigt: »I just believe in me, Yoko and me«. Es ist der Sieg des Egos über all die Ersatzväter und großartigen Ersatznamen, die sich Lennons Einbildungskraft in der Vergangenheit geschaffen hatte. Es folgt die beschwörende, zugleich ernüchternde Coda mit der Einsicht »The dream is over«. Und Lennon zieht in diesem pentatonischen Schlussteil die befreiende Bilanz: »Yesterday / I was the dreamweaver / But now I'm reborn / I was the walrus / But now I'm John.« Seine Anspielung auf *I Am The Walrus*, der beiläufige Verweis auf McCartneys *Yesterday* – Lennon zieht hier eine Art Summe der Beatles-Botschaften. Mit dem ausgeträumten Traum meint er die hochfliegenden Illusionen der Sechziger, all die kleinen Weltfluchten und großen Realitäts-Surrogate. Lennons abschließende Zeilen »And so, dear friends / You'll just have to carry on« verstärken noch den unterschwelligen Aufruf, der Einzelne solle sich jetzt um sich selbst sorgen, seine Individualität kultivieren, anstatt auf Führungsfiguren zu vertrauen. Lennon jedenfalls weigerte sich mit diesem Schlüsselsong, weiterhin als Leithammel seiner Generation zu funktionieren.

Working Class Hero

LP (UK) John Lennon: *Plastic Ono Band*. Apple PCS 7124, Dezember 1970

Oft als billige Arbeiter-Attitüde missverstanden, als Gratismut zum Proletariats-Pop geschmäht, ist diese poetische Abrechnung mit dem englischen Klassensystem ein ironischer Selbstkommentar – Sarkasmus statt Narzissmus. Denn natürlich weiß Lennon, dass er als mehrfacher Millionär materiell nicht zu den Benachteiligten der Gesellschaft zählt. Dennoch demonstriert diese puristische Folk-Ballade in bestem Fingerpicking-Stil der »Rishikesh«-Phase – das Stück klingt wie ein anglifizierter Talking-Blues von Bob Dylan –, mit welch analytischer Schärfe Lennon die soziale Konditionierung des Einzelnen durchschaut: Von Kind an einer subtilen Gehirnwäsche unterzogen, entwickelt sich der Heranwachsende fast zwangsläufig zum angepassten Mitläufer. »Keep you doped with religion and sex and T.V. / And you think you're so clever und classless and free. / But you're still fucking peasants as far as I can see.«

Wegen des »f-Worts« wurde das Stück prompt von vielen Radiostationen mit Sendeverbot belegt. Natürlich finden sich viele autobiographische Züge in dem Song. Lennon erinnert sich an die eigene Schulzeit, in der seine Talente durch die Konformitätsansprüche der Lehrer unterdrückt wurden: Sie wollen, dass du dich klein fühlst, wenn du clever wirkst, hassen sie dich. Lennon adressiert seinen Text an anonyme »sie« (they, them) – gemeint sind die Vertreter der herrschenden Klasse. Die Zeile »When you can't really function you're so full of fear« ist von Hoffnungslosigkeit durchtränkt, und man

Vgl. S. 63

Vgl. S. 46 f.

spürt, dass dies keine Pose ist, sondern auf Lennons ureigenste Erfahrung zurückgeht. Er fordert keine radikale Revolution, sondern hat erkannt, dass eine Veränderung der Gesellschaft im Ganzen ihren Anfang in der Veränderung des Einzelnen nimmt. Zugleich ist ihm klar, dass diese individuelle Transformation ohne eine Veränderung der gesellschaftlichen Rahmenbedingungen nicht funktioniert.

Deshalb lautet Lennons fast zynisches Resümee am Ende des Songs: »A working class hero is something to be, / If you want to be a hero well just follow me.« Er singt sich mit morbider Faszination am eigenen Scheitern durch den Text. Was aufrührerisch klingt, ist immer schon von Desillusionierung durchdrungen. Dazu trägt auch die kalkulierte, gleichwohl hypnotische Monotonie der Gitarrenbegleitung – ein Pendeln zwischen a-Moll und G-Dur – des aus zwei Takes zusammengesetzten Stücks bei. Sein gesellschaftlicher Sieg – als Beatle und als »St. John« gilt er als Prototyp des »winner« – entpuppt sich in Wahrheit als Pyrrhus-Sieg: All das Geld und der Ruhm sind mit Rastlosigkeit und Identitätskrisen zu teuer erkauft. Am allerwenigsten taugt dieser bittere, hellsichtige *Working Class Hero* – wie allzu oft missverstanden – zur Selbstglorifizierung Lennons.

Faszination des eigenen Scheiterns

Imagine

LP (UK) John Lennon: *Imagine*. Apple SAPCOR 10 004, Oktober 1971

Ende 1999 wurde *Imagine* – Lennons Humanismus-Hymne – zum besten Text eines englischen Popsongs gewählt. Mit Sicherheit ist es Lennons bis heute populärstes Lied. Es war seine sanfte Abrechnung mit jeder Form von Scheinheiligkeit in der Gesellschaft: mit jeder Form von Nationalismus (»imagine there's no countries«), mit falschem Patriotismus (»nothing to kill or die for«), mit dem Kapitalismus (»imagine no possessions«), mit sozialer Ungleichheit (»no need for greed and hunger«), mit religiösen Verheißungen (»imagine there's no heaven«) und dem Glauben an ein besseres Leben nach dem Tod (»living for today«).

Vgl. S. 64 u. S. 115 f.

Dieses Lied demonstriert wie kein zweites, dass Lennons soziale Haltung, die er als einer der ersten Popstars kultivierte, nicht auf ideologischer Starrheit beruhte. Hatte er auf dem Vorgänger-Album *John Lennon / Plastic Ono Band* noch resignativ behauptet: »The dream is over«, so annonciert dieser Song einen neuen, grenzenlosen Traum – und Lennon lädt alle ein, ihn mit ihm zu teilen. Trotz seines explizit säkularen Gehalts ist das Lied zu einer Art Erkennungsmelodie moderner religiöser Veranstaltungen geworden. Schon die friedlichen Eröffnungsnoten des Klaviers vermögen einen tiefen Akkord im Innern von Anhängern aller Glaubensrichtungen anzuschlagen. Lennon hatte nicht zufällig als Kind in der Sonntagsschule im Chor gesungen und die christlichen Lobpreisungen als seine ersten musikalischen Einflüsse erlebt. So empfand er die getragene Tenorstimme, die er in *Imagine* wählte, auch als völlig natürlich.

Die lyrische Struktur besteht aus einer Reihung von Ideen, die allesamt nach Einbildungskraft verlangen. Dieses Konzept, den Traum einer Sache als ebenso wichtig anzusehen wie das Ergebnis, geht auf Yoko Onos *Grapefruit*-Buch zurück. Hier finden sich mehrere Gedichte, die mit der Anrufung »Imagine« beginnen. Ihr *Cloud Piece* wird sogar auf dem Album-Cover von *Imagine* zitiert: »Imagine the clouds dripping. Dig a hole in your garden to put them in.« (zit. n. Ono 2000, S. 125) Lennon hat später bereut, dass er Yoko nicht als

Vgl. S. 42

Eine New Yorker
Wandzeitung
der etwas
anderen Art

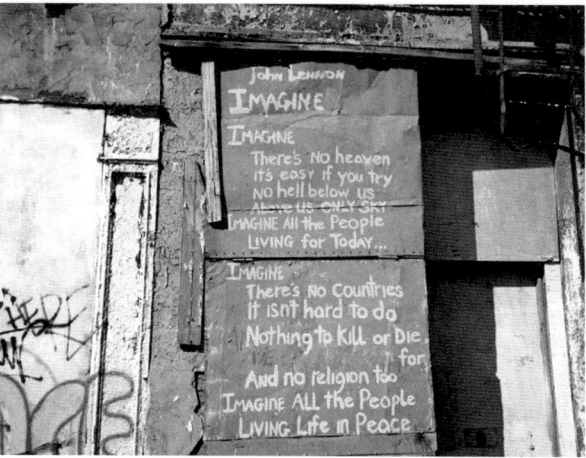

Koautorin seines Erfolgssongs durchgesetzt hat. Als weitere Inspirationsquelle dürfte ein Gebetbuch gedient haben, das Lennon von dem amerikanischen Komiker Dick Gregory geschenkt bekommen hatte. Das Buch betont mittels »positiver Gebete« ausdrücklich: Um etwas von Gott bekommen zu können, müssen wir es uns selbst erst vorstellen können. Wenn wir also eine positive Zukunft wollen, dann sollten wir unsere mentalen Energien darauf konzentrieren, sie uns auszumalen. Es fällt auf, dass politische Programme in diesen Träumen völlig fehlen. Ja, es scheinen Welten zwischen Zeilen wie »You say you want a revolution / You better get it on right away« (1968) und »Nothing to kill and die for […] Imagine all the people / Living life in peace« (1971) zu liegen. Die sich hier andeutende Kluft sollte Lennons Weltauffassung in den kommenden Monaten bestimmen: Auf der einen Seite die Überzeugung, gesellschaftlicher Wandel lasse sich nur durch gewalttätigen Aktionismus erreichen, auf der anderen Seite die Sehnsucht nach Zurückgezogenheit und Träumen. Es war Lennons Phase eines ambivalenten »Zen-Marxismus«.

> »*Imagine* war für mich ein aufrichtiges Statement. Es war so eine Art *Working Class Hero* mit Schokoladenüberzug. Ich habe dabei versucht, von einem kindlichen Standpunkt aus zu denken.« (John Lennon 1972 in einem Interview mit dem *New Musical Express*; zit. n. Du Noyer 1999, S. 41)

Man hat Lennon wegen *Imagine* wiederholt der Heuchelei bezichtigt: Aller Sorgen entrückt, im weitläufigen Musikzimmer seines luxuriösen Landsitzes Tittenhurst Park in Ascot auf einem weißen Konzertflügel klimpernd, lasse sich leicht von Besitzlosigkeit (»no possessions«) träumen. Und doch rührt diese Utopie mit ihrem sehnsüchtigen Existentialismus an ein gewaltiges Empfindungsreservoir der Nachkriegsgeneration.

Jealous Guy

LP (UK) John Lennon: *Imagine*. Apple SAPCOR 10 004, Oktober 1971

Vgl. S. 64 Mit diesem bittersüßen Lied verabschiedete sich Lennon endgültig von den Macho-Werten, mit denen er im England der fünfziger Jahre aufgewachsen war. Er machte seinen ersten bewussten Schritt in Richtung eines männlichen Feminismus, den er später als bekennender Hausmann im Dakota Building weiter kultivieren sollte. Lennon war sich immer seiner latenten Gewalttätigkeit bewusst – Rivalen wie Geliebten gleichermaßen gegenüber. Jetzt, im Alter von 31 Jahren, glaubte er diese unberechenbare, dunkle Seite seines Charakters unter Kontrolle gebracht zu haben. Im *Playboy*-Interview aus dem Jahr 1980 gestand Lennon frank und frei: »Ich war in meiner Jugend ein Schläger. Ich konnte mich nicht richtig ausdrücken, und deshalb verletzte ich andere. Aus diesem Grund befasse ich mich wahrscheinlich so oft mit dem Frieden.« (zit. n. Du Noyer 1999, S. 42) Obwohl *Jealous Guy* mit der melancholischen Wendung »I was dreaming of the past / And my heart was beating fast / I was shivering inside« beginnt und auf die Jahre mit Cynthia anzuspielen scheint, bezieht es sich ebenso auf die aktuellen Turbulenzen seiner Ehe mit Yoko Ono.

Lennon soll sie u. a. genötigt haben, ihm eine Liste ihrer früheren Liebhaber vorzulegen. Darüber hinaus nahm er ihr zunehmend übel, dass sie Japanisch sprechen (und denken) konnte und ihm diese Bewusstseinswelt vorenthielt. Yoko Ono hat später bestätigt, dass ihre nach außen so stabil wirkende Beziehung 1971 in Wahrheit brüchiger und anfälliger war, als ihnen lieb sein konnte.

Vgl. S. 47 Musikalisch ging *Jealous Guy* auf den in Indien geschriebenen und für das »Weiße Album« vorgesehenen Song *Child Of Nature* zurück – eine Hommage an die erlösenden Wonnen der Meditation: »On the road to Rishikesh / I was dreaming more or less / And the dream I had was true / Yes, the dream I had was true / I'm just a child of nature«. Das luftige Arrangement, das Spector für die Endfassung wählte, die luxuriöse Lässigkeit, die in Lennons Gesang mitschwang, sein fragiles Pfeifen vor der letzten Strophe – all das schuf eine Atmosphäre aus betörender Verletzlichkeit und unbesiegbarer Intimität. Ursprünglich am Klavier mit neuem Text auskomponiert, war sich Lennon des kommerziellen Potentials seiner Macho-Beichte von Anfang an bewusst. Auf einem der zahllosen Takes von *Jealous Guy*, die in Tittenhurst Park entstanden, raunzt er ins Mikrophon: »Hier ist eine Botschaft an all die Anteilseigner von Northern Songs, ihr habt hiermit eine weitere halbe Million.«

Woman Is The Nigger Of The World

LP (UK) John Lennon: *Some Time In New York City*. Apple PCSP 716, September 1972

Im März 1969 veröffentlichte das britische Frauenmagazin *Nova* ein Interview mit Yoko Ono, in der sie die provozierende These aufstellte: »Woman is the nigger of the world.« Nicht nur die Herausgeber waren von der Signalwirkung dieses Satzes so angetan, dass sie ihn auf die Titelseite nahmen, auch John Lennon, der sich über sein sexistisches Verhalten gegenüber Yoko mehr und mehr Rechenschaft geben musste, nutzte die Zeile für ein Lied über sein aufkeimendes feministisches Denken. War er bisher in all seinen Beziehungen zu Frauen mit der Haltung aufgetreten »Ich bin König John von England«, so demonstrierte ihm diese Frau, dass der Herrscher in Wahrheit nackt ist. Ono war die erste Frau, die ihm gegenüber auf absoluter Gleichberechtigung bestand. »Die Beatles hatten zwar eine neue Sensibilität in die Popmusik gebracht, doch in ihrem Privatleben blieben sie ihrem traditionellen Rollenverhalten als Liverpooler Männer treu.« (zit. n. Du Noyer 1999, S. 59)

Als Lennon den Song im März 1972 aufnahm und als Single veröffentlichte, konnte er sich des Beifalls der erstarkenden internationalen Frauenbewegung sicher sein – obwohl der Vergleich mit der Unterdrückungssituation der amerikanischen Neger auch kritische Stimmen auf den Plan rief: Er zeichne Frauen als schwach und passiv und ermutige sie dadurch gerade nicht zur Emanzipation! Lennon umschreibt hier die sexuelle Ungleichheit zwischen Mann und Frau in Zeilen wie »We make her paint her face and dance / If she

Feministisches Denken

won't be a slave / We say, that she don't love us [...] We make her bear and raise our children / And then we leave her flat for being a fat old mother hen«. Obwohl der Text wie in vielen politischen »finger pointing songs« Lennons bloße Gebrauchslyrik ist, wirkt er lebhaft und kraftvoll genug, um den Pop-Mainstream mit ungewohnten Ideen zu beleben. Nicht nur das majestätische Tenorsaxophonspiel von Stan Bronstein, das wie eine Reminiszenz an King Curtis' beste Rhythm-'n'-Blues-Soli klingt, auch der schleichende Ohrwurmcharakter der Melodielinie verleihen dem Lied die Würde einer wütenden Hymne. Lennons Gesang hat Biss und strotzt in der Phrasierung vor Souveränität. Spectors sorgfältige Produktion mit der Elephant's Memory Band und dem rhythmisierten Tremolo von Lennons Akustikgitarre entwickelt eine seltene Schubkraft. Als Lennon den Song im Mai 1972 in Dick Cavetts TV-Show erstmals sang, stießen sich viele Zuschauer nicht wie befürchtet am feministisch-kämpferischen Gehalt des Textes, sondern an dem inzwischen verpönten Schimpfwort »Nigger«. Wieder einmal war seine Provokationsabsicht aufgegangen. Und er konnte es nicht lassen: Bei den Proben im New Yorker Central Park für die beiden triumphalen One-To-One-Konzerte im Madison Square Garden am 30. August änderte Lennon das berüchtigte »N-Wort« dann in »Nipple« – auf die Gefahr hin, seinen feministischen Kredit wieder zu verspielen.

Watching The Wheels

LP (UK) John Lennon: *Double Fantasy*. Geffen K 99 131, November 1980

Vgl. S. 85 Das freundliche Manifest, in dem Lennon 1980 mit dem Selbstbild des Macho-Rock-Stars abrechnet, hat einen kulturrevolutionären Kern. Es wendet sich gegen die maskulinen Rollenzuschreibungen der westlichen Zivilisation: Danach hat ein Mann aggressiv, ehrgeizig, erfolgsorientiert und dominant zu sein. Doch Lennon singt abgeklärt von jenen Kritikern, die ihm vorwerfen, seine Karriere als Superstar mit Hausarbeit zu vergeuden: »Well they give me all kinds of advice, designed to enlighten me / When I tell them that I'm doing fine watching shadows on the wall / Don't you miss the big time, boy, you're no longer on the ball? / I'm just sitting here watching the wheels go round and round / I really love to watch them roll.« In diesen Zeilen findet sich ein Echo jener markanten Zeile aus *Imagine* wieder: »You may say I'm a dreamer.«

Lennon hatte sich bewusst vom täglichen »rat race« der Geschäftigkeit abgewandt, er wollte den Dingen in einer kontemplativen Haltung einfach ihren Lauf lassen. Hier zog er die persönliche Konsequenz aus all den feministischen Beteuerungen der Jahre zuvor. In der Schlusszeile des Liedes »I just had to let it go« schien er auf jenen hohen Preis anzuspielen, den er für seinen öffentlichen Ruhm bezahlen musste. Was als tiefe Desillusionierung erschien, entpuppte sich in Wahrheit als neue, erstarkte Selbstgewissheit. Man kann *Watching The Wheels* als Johns musikalische Version jener ganzseitigen Anzeige verstehen, die die Lennons unter dem Titel »A Love Letter from John and Yoko« im Mai 1979 in mehreren Zeitungen veröffentlichten. Auch hier betont er, dass seine vermeintliche Lethargie und Indifferenz in Wirklichkeit Ausdruck der Liebe sei – einer Liebe zu den Menschen, die ihm nahestehen, und zu sich selbst.

Vgl. S. 82

Das Lied hat eine dreijährige, wechselvolle Entstehungsgeschichte. Ende 1977 gab Lennon in der Demo-Aufnahme *Emotional Wreck* bereits den Grundton vor. Zwar war der Chorus »I'm just sitting here watching the wheels go round and round« noch nicht entwickelt, aber das kreisende Piano-Riff, das dem späteren Lied unterliegt, war schon in Arbeit. Auch das Motiv des Textes, sich allen öffentlichen Erwartungen zu widersetzen, nahm hier seinen Anfang. Ein Jahr später nannte Lennon in »home recordings« das Stück *I'm Crazy* – die sich »drehenden Räder« tauchen hier im Bild des »traffic flow« auf, den Lennon vom sechsten Stock seines Apartments im »Dakota« aus beobachten konnte. Am Klavier komponiert, fehlte dem Song noch immer ein zündender Refrain, aber er besaß dafür in dieser frühen Demo-Aufnahme

»Meine früheren Rock-Kollegen mit ihren Kommentaren erinnern mich an hysterische Schwiegermütter.« (John Lennon in der Zeitschrift *Newsweek* im Dezember 1980; zit. n. Du Noyer 1999, S. 108)

einen Hang zur Selbstironie: »People say I'm stupid / Giving my money away / They give me all kinds of names and addresses / Designed to save me financially.« In einer weiteren Metamorphose erhielt das Lied im Frühjahr 1980 anstelle der Klavierbegleitung Gitarrenakkorde. Auf den Bermudas nahm Lennon dann die Frühform von *Watching The Wheels* mit einer stark nach Bob Dylan klingenden Akustik-Gitarre auf.

Der Song ist ein subversives Schlüsselwerk in Lennons späten Arbeiten, weil er zeigt, wie eine »öffentliche Person« es schafft, die exzessive Publizität ihres früheren Lebens mit einer Fülle selbstzerstörerischer Erfahrungen auszubalancieren, um sich auf einem höheren Identitätslevel neu zu erfinden.

Die Filme

Sieht man einmal von den klamaukhaften Beatles-Filmen ab, dann begannen Lennons eigene Film-Experimente Ende 1966, kurz nach seiner Mitarbeit an *How I Won The War*, als er erstmals mit einer 8-mm-Canon-Kamera arbeitete. Entgegen dem damaligen Zeittrend (z. B. Bruce Connors High-Speed-Film-Collage *Cosmic Ray*), den Betrachter durch rasend schnelle Bildfolgen zu überwältigen, interessierte er sich für extreme Slow-Motion-Effekte, die er dann mit Sound-Collagen von vernetzten Tonbandgeräten unterlegte. Sein Interesse am Medium Film wurde ab 1968 in der Zusammenarbeit mit der Konzept- und Performance-Künstlerin Yoko Ono nachhaltig stimuliert.

Vor der Riesen-Gitarre aus der Ausstellung This Is Not Here, 1980

How I Won The War (Wie ich den Krieg gewann)
Großbritannien 1967. Regie: Richard Lester. U. a. mit Michael Crawford, John Lennon, Roy Kinnear

Vgl. S. 40 Der satirische Ton des Films, seine Frontstellung gegen den eskalierenden Vietnam-Krieg mit mehr als 125 000 amerikanischen Soldaten im Einsatz traf 1966 Lennons politischen Nerv. Gedreht wurde im norddeutschen Celle und im spanischen Carbonara. Der Film erzählt – basierend auf einem Buch von Patrick Ryan – eine absurde Geschichte aus dem

Zweiten Weltkrieg, voll von schwarzem Humor: Ein versprengter Haufen englischer Soldaten soll hinter den feindlichen Linien in der nordafrikanischen Wüste für einen prominenten Besucher ein Kricketfeld bauen. Zugleich kommt es zu stilisierten Rekonstruktionen blutiger Schlachten des Zweiten Weltkriegs wie z. B. Dünkirchen oder Arnheim. Obwohl die Handlung in der Vergangenheit angesiedelt ist, reflektiert die Bitterkeit der Bilder die Empfindungslage der Nachkriegsgeneration, die sich von der Politik verraten fühlt. Lennon spielt in diesem überdrehten Streifen einen affektierten kleinen Faschisten namens Private (Gefreiter) Gripweed, der vor allem durch seine Sammelwut auffällt: Keinen Naziorden, keine Heldenmedaille lässt er im Wüstensand liegen. Es ist keine Hauptrolle, sondern Lennon befindet sich mit fünf weiteren Soldaten schauspielerisch in der zweiten Reihe. Erstmals trug er hier seine runde Nickelbrille, die später zu seinem intellektuellen Markenzeichen avancierte. Endlich konnte John sich zu seiner jahrelang verschwiegenen Kurzsichtigkeit bekennen. Dass er sich für die Nebenrolle die Haare kurz schneiden ließ, brachte die Fans allerdings mehr in Aufruhr.

Der Film funktioniert auf zwei Ebenen: Zum einen ist er ein ausdrückliches Anti-Kriegs-Bekenntnis, das die Obszönität des Tötens, die Grausamkeit der Schlachten und den Wahnsinn der Generäle entlarvt, die den Krieg nur als fortgeschrittenes Sandkastenspiel sehen. Die verrückte Logik der Kriegsherren kulminiert in Dialogsätzen wie: »Es hat einige wundervolle Fortschritte in der Chirurgie gegeben – dem Krieg sei Dank!« Auf einer zweiten Ebene ist der Film eine einzige Attacke gegen konventionelle Kriegsfilme, die nostalgisch den heroischen Kampf Mann gegen Mann, die unvergleichliche Kameradschaft in der Truppe und weitere Klischees bedienen.

Obwohl kein ausgebildeter Schauspieler, verkörpert Lennon souverän einen schuljungenhaften Speichellecker, der sich partout der Autorität andienen will. Seine gänzlich unsentimentale Performance hat nichts Superstarhaftes, er ordnet seine Persönlichkeit ganz der Figur Gripweed unter. Richard

Lester wollte John unbedingt für diese Rolle, weil er unterschiedliche Charaktere mit verschiedenen schauspielerischen Fähigkeiten für die Truppe brauchte. Sie wirkt wie die Parodie einer kämpfenden Einheit. Genau diese Interpretation des Kriegsspiels als surreale Komödie reizte Lennon, und er festigte damit seinen Ruf in gegenkulturellen Zirkeln. Schaut man sich *How I Won The War* heute an, so wirkt seine Machart noch immer respektlos, nachforschend und bilderstürmerisch. Seine Form ist frech, experimentell und verunsichernd – Qualitäten, die man später mit Lennons Musik assoziierte. Zugespitzt könnte man sagen, Lennons Präsenz in diesem Film wirkt weniger wie der Auftritt eines Schauspielers, sondern eher wie eine Bestätigung seiner Rolle als Musiker.

Film No. 5 (Smile)

Großbritannien 1968. Regie: John Lennon und Yoko Ono

Vgl. S. 51 Es war die erste authentische Film-Zusammenarbeit von John Lennon und Yoko Ono. Wenige Sekunden lang wird Johns Gesicht mit einer Ultra-High-Speed-Camera gefilmt – in normaler Abspielgeschwindigkeit entsteht daraus ein Streifen von 51 Minuten Dauer. Er dokumentiert in extremer Slow-Motion Geburt und Leben eines Lennon-Lächelns. Wie schon in ihren virtuellen Film-Scripts des *Grapefruit*-Buchs träumt Yoko Ono davon, dass die ganze Menschheit lächeln soll. Es ist diese radikale »Einfachheit als Konzept«, die *Smile* bei seiner Premiere auf dem *Chicago Film Festival* im Dezember 1968 auszeichnete.

> »Ein Symbol heutigen Lächelns – das bin ich, was immer das bedeuten mag.« (John Lennon 1968 über sein Motiv für den *Film No. 5 (Smile)*; zit. n. Doggett 2005, S. 139)

Two Virgins

Großbritannien, 1968. Regie: John Lennon und Yoko Ono

Wie schon der *Film Nr. 5 (Smile)* wurde auch dieser 21-minütige Film im Garten von Lennons Haus in Kenwood gedreht. Als »offiziell« erster gemeinsamer Film von John und Yoko zeigt er die beiden, wie sie sich vor einem identischen Hintergrund aufeinander zubewegen, sich umarmen und küssen. Die vormals zwei Gesichter überlagern sich und verschmelzen zu einem einzigen. Die ganze Szene wird mit wunderschönen Bildern von Wolken am Himmel überblendet und evoziert den Eindruck einer unschuldigen, einfachen Liebe.

Film No. 6 (Rape)

Großbritannien, 1969. Regie: John Lennon und Yoko Ono

Der professionellste und erfolgreichste Lennon/Ono-Film Vgl. S. 54 entstand im Dezember 1968. Auf dem Höhepunkt der Medienhysterie um das eigensinnige Künstlerpaar drehte er den Spieß um: Der Film handelte vom täglichen Wahnsinn, dem die beiden ausgesetzt waren, wenn sie wieder einmal von Reportern und Kameraleuten verfolgt und belästigt wurden. Die konzeptionelle Idee des 77 Minuten langen Films spiegelt diese Pervertierung öffentlichen Interesses: Der Kameramann Nic Knowland wurde losgeschickt und sprach auf einem Friedhof eine junge, fremde Frau an, die kein Englisch verstand. Anfangs über das Interesse an ihrer Person belustigt, bekommt sie es dann doch mit der Angst zu tun, als sie auf ihrem Weg durch London weiter verfolgt wird. Als sie versucht, in einem Taxi zu entfliehen, zerrt der Kameramann sie in sein Auto, um sie schließlich in eine Zimmerecke zu drängen, aus der es kein Entkommen mehr gibt. Der Titel *Rape* spielt also nicht auf eine sexuelle Vergewaltigung an, sondern auf den verletzenden Voyeurismus eines Kameraauges. Es geht letztlich um die Zerstörung personaler Identität durch ständige Überwachung der Privatheit. Der Wandel in der Mimik der verfolgten Frau von Amüsiertheit über einen leisen Verdacht bis zur Panik spiegelte drastisch die jüngsten Erfahrungen der Lennons: Anfangs noch umschwärmte Medienclowns, galten sie inzwischen als willkommene Feindbilder und Zielscheiben konservativer Kritik.

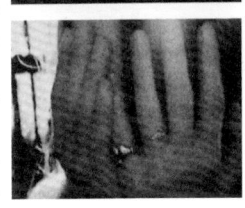

Filmsequenz aus *Rape*, 1969

Honeymoon (Bed-In)

Amsterdam 1969. Regie: John Lennon und Yoko Ono

Vgl. S. 55 f. Nach ihrer Blitzhochzeit in Gibraltar und einem Zwischenstopp in Paris, wo sie u. a. mit Salvador Dalí zusammentrafen, mieteten sich John Lennon und Yoko Ono am 25. März 1969 im Amsterdamer Hilton Hotel ein und begannen ihr *Bed-In* – eine Aktion, die Kunst und Leben ununterscheidbar verband. Sieben Tage lang gaben sie, in einem großen weißen Bett ruhend, der Weltpresse Interviews. Zettel-Botschaften wie »Hair Peace« oder »Bed Peace« waren im Zimmer verstreut: Im Bett liegen und das Haar wachsen lassen – eine meditative Demonstration gegen Gewalt. Der andauernde

> »Ich sage nur Friede. Wir zeigen auf niemanden mit dem Finger. Gute und Schlechte gibt es überall. Der Kampf findet im Kopf statt. Wir müssen unsere eigenen Monster begraben und aufhören, andere Menschen zu verachten. Wir alle sind Christus und Hitler zugleich. Wir wollen, dass Christus gewinnt.« (John Lennon 1969 während seines ersten *Bed-In*; zit. n. Henke 2003, S. 41)

Krieg in Vietnam war das Hauptmotiv ihrer Friedenskampagne. Die Bühne hatte sich vom Werk zum Leben erweitert. Als PR-Kampagne war es das Meisterstück der Lennons, es zeigte die Geburt des modernen Prominenten-Paars, das sich über die Maßen angreifbar machte, aber keinesfalls mehr ignoriert werden konnte. Der einstündige Film *Honeymoon* – mit einer Handkamera aufgenommen – hielt das Geschehen fest, das im Oktober 1969 veröffentlichte *Wedding Album* konservierte mit dem edierten Live-Soundtrack des *Bed-In* die Magie des Augenblicks. Leider deutete sich mit diesen Aktionen schon an, dass John Lennon und Yoko Ono sich alsbald selbst als Kunstwerke von eigenen Gnaden begriffen – über jede Kritik und jeden solidarischen Zweifel erhaben.

Self Portrait

Großbritannien 1969. Regie: John Lennon und Yoko Ono

Während im Film *Two Virgins* der wiederentdeckte »Garten Eden« gezeigt wird und die Fotos der Lennons auf dem Cover des gleichnamigen Albums noch »Unschuld durch Nacktheit« suggerierten, hat *Self Portrait* vom August 1969 einen fast pornographischen Zug. Lennon erprobt hier vor der Kamera eine extreme Form der Selbstentblößung: Der Film zeigt in 15-minütiger Slow-Motion seinen halbsteifen Penis. Eigentlich sollte der Prozess der Erektion dargestellt werden, doch die Anwesenheit der Filmcrew machte Lennon zu nervös. Wollte Lennon hier der Beatles-Legende von der liebenswürdigen Mainstream-Band endgültig den Garaus machen? Oder musste ein Underground-Film damals notwendig pornographisch konnotiert sein? Wie auch immer, der Film war in der Avantgarde-Szene ein kompletter Misserfolg und durfte nur in privaten Clubs gezeigt werden. Auch *Up Your Legs Forever* von 1970 mit seinen Bildern von Füßen, Schenkeln und Genitalien kam über einen skurrilen Effekt nicht hinaus.

Apotheosis / Apotheosis 2

Großbritannien 1970. Regie: John Lennon und Yoko Ono

Die Idee zu diesem in Realtime gedrehten Film war simpel: Ein Heißluftballon sollte langsam in den Himmel steigen und dabei das Paar John und Yoko auf der Erde die ganze Zeit im Blick behalten. Das zeitlupenhafte Verschwinden der beiden Menschen an einem frühen Morgen in Verbindung mit dem sich wandelnden Blick aus dem Ballon über graue, schneebedeckte Felder der englischen Landschaft, dann minutenlang in weiße Wolken und schließlich in den blauen Himmel mit hereinbrechenden Sonnenstrahlen – all das erzeugte ein beeindruckendes Cinéma-Vérité-Porträt. Da der Ballon selbst nie im Blick ist, hat der Zuschauer das Gefühl, sich langsam zu erheben. Es gibt keine musikalische Untermalung der Bilder. Allein der Gesang von Vögeln und die Geräusche des Windes begleiten die Aufnahmen. Die elementare Einfachheit des 18-minütigen Films erzeugt eine Atmosphäre natürlicher Schönheit und selbstverständlicher Gelassenheit. *Apotheosis 2*,

knapp drei Monate später gedreht, variiert dieses Thema der
»Verklärung«, indem Lennon / Ono jetzt in der Dämmerung
von den Flammen eines Lagerfeuers schemenhaft erhellt werden, während der aufsteigende Ballon sie langsam aus dem
Blick verliert.

Fly

USA 1970. Regie: Yoko Ono. Musik: John Lennon

Es ist der wohl umstrittenste Film von Lennon / Ono. Während frühere Avantgarde-Filme den weiblichen Körper als
Formen-Areal von Tälern und Hügeln verfremdeten, benutzt
Fly den nackten Körper einer Schauspielerin als Landeplatz
betäubter Fliegen. Immer neue Tierchen krabbeln schwerfäl-
lig über die Haut-Landschaft der jungen Frau, ohne sich an
die Regieanweisungen von Yoko Ono zu halten. Offenkundig
leidet die Produktion an der mangelnden Kooperationsbe-
reitschaft der Fliegen. Man mag den 25-minütigen Film als
Zufallsexperiment goutieren, doch schon seine Erstauffüh-
rung geriet zum künstlerischen Misserfolg. Die New Yorker
Underground-Blätter kritisierten die Lennons vor allem, weil
sie mit ihrem Film an die niederen Instinkte der Kinobesu-
cher appelliert hätten. Auch der Soundtrack mit den langge-
zogenen Schreien von Ono und einer rückwärts abgespielten
Klassik-Gitarre von Lennon verstärkte die Ablehnung des
Projekts.

Erection

Großbritannien 1971. Regie: John Lennon und Yoko Ono

Anders als der Titel suggeriert, geht es in diesem Film aus dem
Frühsommer 1971 um den Bau des London International
Hotel in Nord-Kensington. Lennon hatte den Fotografen
Iain Macmillan beauftragt, zwanzig Monate lang von ein und
demselben Standort die Fortschritte in der Bautätigkeit durch
Bilder zu dokumentieren. Anschließend wurden die Fotos gefilmt und erzeugten in achtzehn Minuten den Eindruck einer
allmählichen »Gebäude-Erektion«. Der Film zielt nicht zuletzt auf die kindliche Faszination des Betrachters, der von
den gelingenden Bauarbeiten beeindruckt ist. Auch die Tatsa-

che, dass die Bilder den schöpferischen und nicht den des-
truktiven Aspekt von Arbeit betonen, verdient Aufmerksam-
keit. Das Ende des Films kann als Referenz an Andy Warhols **Andy**
Streifen *Empire* von 1964 gedeutet werden. Während der War- **Warhol**
hol-Film eine ganze Nacht lang das erleuchtete Empire State
Building bis zum Morgengrauen zeigt, erlöschen am Ende
von Lennons Film langsam die Lichter des Hotels. Zurück
bleibt die Schwärze der Leinwand.

Imagine

Großbritannien 1971. Regie: John Lennon und Yoko Ono
Diese wohl sorgfältigste Film-Arbeit des berühmten Paares   **Vgl. S. 64**
kam im Unterschied zu allen vorausgegangenen Filmen nicht   **u. S. 101 ff.**
mehr mit einem Avantgarde-Anspruch daher. Ursprünglich
im Juli 1971 als Promo-Streifen für das Titelstück von Lennons *Imagine*-Album begonnen, entwickelte sich die Bilder-
folge fortan als Kommentar zur Musik. John erklärte später
dazu: »›*Imagine*‹ war ein einziges Diskontinu-
um, eine Komödie, keine Tragödie. Es ist der   »Hiermit erweitern wir das Ge-
Inbegriff von Nonsens und entstand in einer   biet des Films! Dies sind die
ganz verspielten Stimmung.« Die Folge von   Siebziger.« (John Lennon und
dokumentarischen Szenen des Paares in Ascot   Yoko Ono 1971 über *Imagine*;
enthält zahlreiche Höhepunkte: Am berühm-   zit. n. Doggett 2005, S. 214)
testen ist jene Szene, in der Lennon allein an
seinem weißen Flügel sitzt und *Imagine* singt, während Yoko
Ono die Vorhänge öffnet, um durch Sonnenstrahlen den
Dämmerzustand im Zimmer zu vertreiben. Auch das Schachspiel mit komplett weißen Figuren ist purer Surrealismus:
»Bei einem vollständig weißen Schachspiel müssen sich die
Partner gegenseitig davon überzeugen, dass ihnen eine Figur
gehört.« (alle Zit. n. Doggett 2005, S. 213 f.) Die Bilder am
Strand von Staten Island, in denen die Flut die in den Sand
geschriebenen Namen des Paares langsam auslöscht, wirken
suggestiv. Und doch fehlt dem Film ein verbindender Hand-
lungsstrang, der die Beliebigkeit der Schnitte und Einstellun-
gen aufhebt. Zunächst wollte kein Verleih den Film übernehmen, und erst nachdem fast alle musikalischen Beiträge Yokos
aus der 85-minütigen Fassung weggelassen wurden, konnte

der Film in einer auf 55 Minuten gekürzten Version Ende 1972 im amerikanischen Fernsehen gezeigt werden.

Literatur

Die frühesten Zeugnisse von Lennons literarischen und zeichnerischen Ambitionen finden sich in seinem handgeschriebenen Tagebuch *The Daily Howl*, das er Anfang der fünfziger Vgl. S. 16 Jahre führte und in der Schulklasse herumgehen ließ: Witzige Wortspiele zu Themen des Sports, des Fernsehens und der Politik wechselten hier mit skurrilen Bleistiftzeichnungen. Später nahm er diese Kombinationstechnik wieder auf: Im Literaturbetrieb des Jahres 1964 war »The Writing Beatle« eine Sensation. Lennon setzte sich mit seinem literarischen Debüt *In His Own Write* sofort an die Spitze der Bestsellerlisten in England und Amerika. Kurioserweise wurde anlässlich dieser Veröffentlichung im Londoner Parlament über das katastrophale Bildungssystem in Liverpool debattiert, das im skandalösen Gebrauch der englischen Sprache durch Lennon seinen alarmierenden Ausdruck gefunden habe. Doch die meisten Kritiker verglichen den schreibenden Pilzkopf mit Lewis Carroll oder James Joyce – obwohl Lennon immer wieder beteuerte, keine Zeile von Joyce gelesen zu haben.

> »Ich schreibe mir alles Mögliche auf kleine Zettel und stopfe sie in meine Taschen. Wenn ich genug zusammen habe, mache ich ein Buch.« (John Lennon 1964 über seine literarische Technik; zit. n. The Beatles 2000, S. 134)

In His Own Write
London: Jonathan Cape, 1964

Vgl. S. 35 Lennon, seit seinen Schultagen ein Sprachspieler aus Passion, verabschiedete sich mit dieser Sammlung aus verdrehten Erzählungen, Nonsens-Lyrik und Cartoons endgültig von der anspruchslosen Metaphorik der Teenagerromanze. All die Spracherfindungen und raffinierten Wortverdrehungen gehen auf sein Liverpooler Irisch / Englisch-Amalgam zurück: eine Antithese zum klassenbewussten Oxford-Englisch. Die Texte – für die John sogar mit dem renommierten »Foyle's Literaturpreis« ausgezeichnet wurde – erzählen nicht länger vom Händchenhalten und süßen Zungenküssen. Sie handeln stattdessen von *The Wrestling Dog*, von *Liddypool* oder *The Fingletoad Resort of Teddiviscious*. Beim Lesen dieser Sprachspielereien hat man das Gefühl, als habe Lennon sich in der Literatur ein zusätzliches Medium für seinen wachsenden Kunstwillen gesucht. Dabei war das Buch für den Leser keine leichte Kost, es ließ sich allenfalls in Portionen konsumieren, wollte man nicht von den überbordenden Einfällen des Autors erschlagen werden. Die kurzen Prosastücke und Gedichte sowie die Zeichnungen hatte er allein zum Zeitvertreib produziert, obwohl ein paar zuvor schon in der Zeitschrift *Mersey Beat* erschienen waren. Auffällig an ihnen war Lennons Vorliebe für Grausamkeiten und gewaltsames Sterben seiner skurrilen Figuren – ein fernes Echo des tragischen Todes seiner Mutter Julia. Auch familiärer Streit – ein Ehemann bringt seine Frau um oder löst sich unter der Gewalt ihrer Umarmung in seine Bestandteile auf – ist ein bevorzugtes Thema der Texte. In der Kurzgeschichte *Nicely Nicely Clive* findet sich am Schluss eine Anspielung auf Lennons ungeliebten Vater, der ebenfalls nur sporadisch auf Landurlaub seine Familie besuchte. Krüppel und Versehrte scheinen Lennon zu zahlreichen Texten und Zeichnungen inspiriert zu haben. Die begleitenden Strichzeichnungen, cartoonartige Kommentare zu den Texten, versammeln zumeist unförmige Gestalten. Ihre verdrehten Tierkörper weisen über das Menschliche hinaus. Da schwebt mal ein Auge außerhalb des Gesichts, oder der Kopf wird wie ein Ballon an einer Leine in der Luft geführt. Lennons literarisches Debüt ist sicherlich kein Meisterwerk, aber im Rückblick doch ein manisches Wortspiel, das der Realität einen surrealen Anstrich gibt und oft Tagträume in bildliche Albträume verwandelt.

Erste literarische Gehversuche, März 1964

»Der Nonsens findet kein Ende, Text und Bilder inspirieren sich gegenseitig in einer Kettenreaktion reiner Fantasie.« (*The Times Literary Supplement* über Lennons erstes Buch; zit. n. Henke 2003, S. 18)

A Spaniard In The Works
London: Jonathan Cape, 1965

Die Alliterationen und Assoziationsketten von *In His Own Write* setzte Lennon auch in seinem zweiten Buch *A Spaniard In The Works* (1965) fort. Während sein Debüt noch aus Spaß an der Freude entstanden war, schrieb er das Nachfolgebuch auf Anforderung des Verlegers Jonathan Cape. Doch die Reaktion der Kritik fiel weniger enthusiastisch aus, und auch die Verkaufszahlen waren geringer. Lennon gab später zu: »Ich schrieb dieses Buch mit einer Flasche Johnny Walker in der Hand.« (zit. n. Doggett 2005, S. 66) Man muss aber nicht angetrunken sein, um z. B. die Satire auf einen angesehenen britischen Zeitungskolumnisten in *Cassandle* lustig zu finden – oder die bitterböse Parodie in *We Must Not Forget The General Erection* auf die damalige politische Klasse: »Sir Alice Doubtless Whom«, »Harassed Wilsod« oder »Joke Grimmace«. Die Rechte und die Linke werden von Lennon als zwei Blinde gezeichnet, die sich gemeinsam über einen Wahlzettel beugen. Sein Angriff auf die kirchliche Autorität in *I Believe, Boot...* zitiert mit »St. Alf« Lennons umherstreunenden leiblichen Vater. Andere Kurzprosa wie *The Faulty Bagnose* oder *Bernice's Sheep* in dem Buch sind völlig uninteressant – außer vielleicht für den Autor. Insgesamt wirkt *A Spaniard In The Works* vorsichtiger – trotz der 33 waghalsigen Zeichnungen – und weniger biographisch getönt als sein Vorgänger. In seinen Liedern des Jahres 1965 gibt Lennon mehr von seiner Psyche preis als in diesem Buch.

Vgl. S. 32 f.

Trotzdem unterschrieb er den Vertrag für eine dritte Veröffentlichung, die im Februar 1966 erscheinen sollte. Doch heraus kam nur ein langes Gedicht, das unter dem Titel *The Boy Toy* im Dezember 1965 in dem amerikanischen Magazin *McCall's* erschien. Lennon hatte auf seine exzessiven Wortspielereien verzichtet und die Geschichte von einem Jungen und seinen Spielzeugen erzählt. Beide Seiten zweifeln an der Existenz der jeweils anderen, und der Junge, der den lieben langen Tag darüber nachdenkt und in Träumen versinkt, wird ein Fall für den Psychiater. Hier ist der autobiographische Bezug zu Lennons Leben unübersehbar. Man findet ihn auch in dem Wortspielgedicht *The Complete Yoko Ono Word Poem Game* vom Juli 1970. Dafür hatte Lennon ein Foto von sich in 135 Schnipsel zerschnitten. Auf die Rückseite jedes Papierstücks notierte er dann ein Wort. Die Mitteilungen reichten von »whistle«, »closet«, »Julian« über »laugh« und »elevator« bis »daddy«, »promise« und »grapefruit«. Jeder konnte sich so sein eigenes Gedicht zusammensetzen und zugleich auf der Rückseite der Wörter ein zerstückeltes Lennon-Porträt betrachten.

Skywriting By Word Of Mouth
New York: Harper & Row, 1986

Ohne einen Plattenvertrag in der Tasche, ohne Verpflichtungen der Öffentlichkeit gegenüber, war Lennon im Frühjahr 1976 völlig frei in seiner künstlerischen Planung. Also fing er an, Texte für ein Buch zu schreiben, das dann aber doch nicht mehr zu seinen Lebzeiten erschien und erst 1986 veröffentlicht wurde. Wie schon bei *In His Own Write* oder *A Spaniard In The Works* handelt es sich auch bei der »Flugschrift vom Mund in den Wind« weniger um ein zusammenhängendes Textgewebe als vielmehr um eine lose Satzsammlung. Sie beginnt mit der Feststellung »Pepperland ist abgebrannt«. Weitere satirische Bezüge zu seiner Beatles-Vergangenheit sind offenkundig. Ein Text heißt *Lucy In The Carf With Diabetics*, während er sich in *Nobel Peace Prize Award To Killer Whale* an die fleischlichen Freuden im Maharishi Camp in Rishikesh erinnert. Eine andere Passage feiert Lennons Alter Ego »Dr. Winston O'Boogie« als Helden. Welche Kraft oft in den freien Wortspielen steckt, mag der selbstironische Bezug Lennons zu seinem assoziativen Singsang *Across The Universe* verdeutlichen: »Words are flowing out like endless rainbow mixed grilling baron von oil field marshall tucker band wagonner rear end zone what you reap van winkle of an eyelid of grass blowers convention centre forward march hair raising the flag of truce is stronger than friction of a second helping.« Lennon war immer stolz darauf, sich in seinem Schreiben von allen formalen Fesseln zu befreien und allein aus der Inspiration heraus zu formulieren. Das bedeutete, dass er Gedanken

Vgl. S. 81

abrupt beenden, Erzählstränge willkürlich kappen konnte. Doch trotz dieser formalen Inkohärenz des Buches bleibt es ein Beleg für Lennons unbezähmbare sprachliche Imaginationskraft.

Aktionskunst und Kunstobjekte

»John hatte die ganze Zeit über verrückte Ideen, aber er nutzte sie nicht und empfand sie als persönlichen Spaß. In zwanzig Minuten konnte er rund zwanzig Ideen entwickeln. Ich sagte ihm dann: ›Mensch, das ist ein guter Einfall, warum setzt du nicht praktisch um?‹ Daran hatte er nie wirklich gedacht.« (zit. n. Doggett 2005, S. 138) Phantasie in Realität zu überführen, das war genau Yoko Onos Einfluss auf Lennon. Er dokumentierte sich ab Mitte 1968 in einer Fülle gemeinsamer Kunstaktionen. Auch hier werden im Folgenden nur die aufschlussreichsten Werke besprochen.

You Are Here
London: Robert Fraser Gallery, 1968

Schon im Oktober 1967 hatte Lennon anonym die Ausstellung *Half-A-Wind* von Ono in der Londoner »Lisson Gallery« gesponsert. Da die Show ein halbes Bett, ein halbes Zimmer, von allen Objekten nur die Hälfte zeigte, war es seine Idee, die andere Hälfte in sogenannten *Air Bottles* abzufüllen und zu verkaufen. Lennon war jedoch nach eigener Aussage »zu nervös«, um an der Vernissage teilzunehmen. Seine erste eigene Ausstellung *You Are Here* fand dann am 1. Juli 1968 in der »Robert Fraser Gallery«, im Londoner West End, statt. Sie kreiste um ein einziges Thema: Auf eine große weiße Leinwand hatte John die Worte »You Are Here« geschrieben. Ein anderes gänzlich schwarzes Bild war *A Portrait Of Nothing* betitelt. Kitschige Spendenbüchsen für verschiedene wohltätige Zwecke waren aufgestellt, ein Hut auf dem Boden bat mit einem handgeschriebenen Zettel um ein Almosen »for the artist«. Daneben versammelte das Programm vier weiße Karten. Auf die erste war ein Kreis gezeichnet, der den Satz »you are here« enthielt. Die zweite ergänzte dazu noch »sometime in 1968«, während die dritte Johns Unterschrift zierte. Auf der vierten Karte war ein schüchternes Foto des Liebespaares John und Yoko in langen schwarzen Mänteln abgebildet. doch die eigentliche Aktion fand am Tag der Ausstellungseröffnung auf der Straße statt. Lennon ließ 365 gasgefüllte Ballons aufsteigen, an denen jeweils eine Rückantwort-Karte befestigt war: »Write to John Lennon, c/o Robert Fraser Gallery, 69 Duke Street, London W 1.« Die Presse machte sich deshalb Sorgen um ihn und zweifelte an seinem Gesundheitszustand.

Bagism

Seit ihren ersten *Bagism*-Aktionen vom Dezember 1969 in der Londoner Royal Albert Hall setzten John Lennon und Yoko Ono in der Folgezeit immer wieder auf die sinnlich wahrnehmbare Dialektik von Verbergung und Zurschaustellung: Einerseits sollte der Sack ein Symbol ihrer Privatheit sein, andererseits ein Zeichen des Friedens. Bereits 1962 hatte Yoko

Vgl. S. 52

Eingesackt – wenn es der Wahrheitsfindung dient ...

ein *Bag Piece* erfunden. Zusammen mit ihrem damaligen Ehemann Tony Cox versteckte sie sich in einem schwarzen Sack. Dann entledigten sich darin beide ihrer Kleider und zogen sich anschließend wieder an. Weil sie dabei nicht gesehen werden konnten, stimulierten sie umso mehr die Phantasie des Publikums. Gleichzeitig wollte Yoko demonstrieren, dass die Essenz eines Individuums nicht in seiner äußeren Erscheinung zu finden ist. Wenn man das Äußere nun verhüllt, soll sich so ein direkter Zugang zur verborgenen Essenz im Innern eröffnen. Der ästhetische Reiz dieser *Bagism*-Aktionen lag nicht zuletzt darin, dass die sich windenden, im Sack verhüllten Menschenkörper in einer minimalistischen Zeitlupenhaftigkeit erscheinen, die im aufreizenden Kontrast zum aufgeregten Aufführungskontext steht: Der sich ständig in seiner Form verändernde »bag« als eine Skulptur im Fluss – Stasis und Bewegung zugleich.

> »Der Punkt ist doch der, wenn du etwas machst, passiert etwas, das Konzept kann einfach sein, aber du bekommst jede Menge Reaktionen und setzt etwas in Gang.« (Yoko Ono 1968 über Johns erste Kunstausstellung; zit. n. Doggett 2005, S. 138

Bag One
Amsterdam 1971

Der Kunstkritiker und spätere Lennon-Assistent Anthony Fawcett machte John Lennon im Februar 1969 mit den Möglichkeiten der Lithographie bekannt. Ein erstes Ergebnis seiner neuen Leidenschaft waren die *Bag One*-Arbeiten, darunter hocherotische Zeichnungen von Yoko und sich, begleitet von einem Gedicht im Stil eines subversiven Alphabets: »A is for Parrot which we can plainly see« und »K is for intestines which hurt when we dance«. Es endet als Kinderreim: »This is my story both humble and true / Take it to pieces and mend it with glue.« Im darauf folgenden Jahr, am 15. Januar 1970, wurden die 45 handsignierten Zeichnungen in einer weißen Plastiktasche in einer Auflage von 300 Exemplaren für 350 Pfund pro Stück in der London Art Gallery in der New Bond Street angeboten. Schon am nächsten Tag konfiszierte Scotland Yard die erotischen Lithographien wegen ihres vermeintlich »pornographischen Gehalts«. Alle englischen Zeitungen berichteten von dem Skandal und beschrieben ausführlich die erotischen Motive von Lennon und Ono, ohne dass die sensationsgeile Öffentlichkeit die Zeichnungen zu Gesicht bekommen hätte. Es genügte dann vor Gericht der Hinweis des Galeriebesitzers Eugene Schuster auf die erotischen Zeichnungen Picassos, die auch nicht verboten wurden, um die Sache zu seinen Gunsten zu regeln. Einmal mehr hatten John und Yoko mit einer genau geplanten Kunstaktion die Prüderie der britischen Öffentlichkeit bloßgestellt.

Fluxfest

New York 1970

Lange Jahre war Yoko Ono schon eine Vorkämpferin der Fluxus-Bewegung in New York. Im Frühjahr 1970 erhielt sie dann von Joe Jones, ebenfalls ein Fluxus-Künstler, den Auftrag, eine Reihe von Veranstaltungen – Aktionen, Ausstellungen und Aufführungen – für ein repräsentatives *Fluxfest* in der New Yorker Canal Street zu entwerfen. Zusammen mit Lennon entwickelte sie das Konzept für eine zweimonatige Veranstaltungsreihe. Zunächst stellte sich die Aufgabe, für jede Woche ein Motto zu kreieren. Die erste Woche wurde *Do-It-Yourself By John and Yoko* betitelt, und der Beitrag des Ex-Beatles waren sich selbst erklärende *Two Eggs By John Lennon*. In der folgenden Woche steuerte er *Tickets By John And Yoko For Fluxtours* bei. Die dritte Woche fand unter dem Titel *Measure By John and Yoko* statt und sammelte statistische Daten über Größe und Gewicht der Besucher. Das Motto *Blue Room By John and Yoko* in der vierten Woche entpuppte sich dann als weiße (!) Collage, die Lennon durch drei Löffel und eine Nadel ergänzt hatte. Der Ausstellungsraum wurde in der nachfolgenden Woche mit der Ankündigung *Weight And Water By John And Yoko* geflutet – einige trockene und ein paar nasse Schwämme gehörten zu diesem Projekt. Die sechste Woche führte unter dem Motto *Capsule By John and Yoko* einige ihrer Filme vor. Komplizierter war da schon das *Portrait Of John Lennon As A Young Cloud*: Ein Irrgarten aus acht identischen Schubladen – alle leer bis auf eine, diese enthielt *John's Smile*. In der Folgewoche versammelten die Lennons unter

Vgl. S. 42

dem Titel *The Store By John and Yoko* verschiedene Verkaufs-automaten aus New Yorker Läden und Bahnhöfen in einem Raum. In der Schlusswoche schließlich sollte im Rahmen eines *Exam By John und Yoko* getestet werden, ob die Öffentlichkeit ihre Arbeit verstanden hatte. In einer Serie von 123 Schwarz-Weiß-Fotos haben die *Fluxfest*-Aktionen bis heute überlebt.

Zeichnungen und Cartoons

»Der Künstler John Lennon blieb sein Leben lang ein Außen-seiter in der Welt der Kunst.« (zit. n. Herzogenrath / Hansen 1995, S. 7) Was Yoko Ono rückblickend für ihren Mann formulierte, bezog sich nicht zuletzt auf Lennon als Zeichner. Obwohl zeichnerische Arbeiten in seinen Büchern *In His Own Write* und *A Spaniard In The Works* publiziert worden waren und auch seine Lithographen in *Bag One* große Resonanz erhalten hatten, wurde Lennon erst in den neunziger Jahren verstärkt als ernstzunehmender bildender Künstler wahrgenommen.

»Er zeichnete mit einfachem Strich und klarer Linie, im Abschluss oft mit einer selbstsicheren Verzierung.« (Wulf Herzogenrath über John Lennons Zeichenstil; zit. n. Herzogenrath / Hansen 1995, S. 10)

Großen Anteil an Lennons künstlerischer Würdigung hatte die im Mai 1995 in der Kunsthalle Bremen von Wulf Herzogenrath und Dorothee Hansen organisierte Ausstellung *The Art Of John Lennon – Drawings, Performances, Films.* Herzogenrath siedelte Lennons Kunst im Spannungsfeld zwischen freier Zeichnung, Karikatur und Illustration an. Manche Bilder wurden – resultierend aus unmittelbarer Beobachtung – schnell aufs weiße Papier geworfen, andere, wie z. B. Lennons mehr als 100 Illustrationen seiner japanischen Sprachstudien, wirken elaboriert und präzise durchgeplant. In diesem Zusammenhang weist Herzogenrath darauf hin, dass Lennon als einer der ersten Rockmusiker auch die visuelle Erscheinung des akustischen Mediums Schallplatte in einer Hülle als Frage des gelungenen Designs von Cover-Konzepten ernst genommen hat. Drei seiner frühen Aquarelle dem Jahr 1952 – Lennon war damals elf Jahre alt – veröffentlichte er z. B. als Collage auf dem Album-

Cover von *Walls And Bridges* (1974) zusammen mit einem manipulierbaren Bild seines Gesichts. Yoko Ono hat betont, dass Lennons Karikaturen meistens seine unmittelbaren Stimmungen reflektierten. »Wenn er depressiv war, schaute ich oft über seine Schulter und sah, dass er ein lustiges Bild zeichnete.« (zit. n. Herzogenrath / Hansen 1995, S. 7) Der Zeichenakt scheint für Lennon eine Art Balanceakt zwischen seinem latenten Pessimismus und seinem aufflackernden Optimismus gewesen zu sein. Ob die opake Bleistiftzeichnung *Moi Dad* von 1955 oder die fragile Tuschezeichnung *Apple Pie Bed* von 1969 – immer sind es Bilder mit leichthändig ironischem Hintersinn. Ende der siebziger Jahre zerfließen zunehmend die Linien in seinen Zeichnungen, deuten nicht selten Auflösungstendenzen der Figuren an (z. B. in *Yoko With Cat*, 1977). Die vielleicht eindrücklichste Karikatur dieser Zeit aber dürfte *He Tried To Face Reality* (1979) sein: Lennon sitzt im Stuhl auf einer Wolke und blickt mit schwarzer Brille in die Sonne.

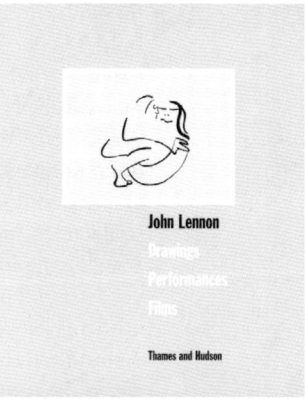

John Lennon
Drawings
Performances
Films

Thames and Hudson

Umschlag des Bremer Ausstellungskatalogs

Viel ist darüber gelästert worden, wie Yoko Ono den zeichnerischen Nachlass ihres Mannes kommerziell erschlossen hat. Unter der Aufsicht ihrer Bag One Arts Company hat der Kunstverlag Legacy Productions immer neue, limitierte Serien aus Hunderten von nachgelassenen Zeichnungen aufgelegt – Lennons nachträglich eingeprägte Unterschrift soll ihre Authentizität verbürgen. Onos eigenmächtige »Kolorierung« z. B. von Johns Zeichenserie *Real Love* für seinen Sohn Sean ist ebenso umstritten wie ihre Freigabe von Zeichnungen für die Illustration von Rickenbacker-Gitarren oder Kaffeebechern. Julian Lennon hat sich in der Presse über diese Art des Ausverkaufs – er nannte es »cheapening« – des Andenkens an seinen Vater aufgeregt. Diese Form des Merchandising sei jedoch, so setzte sich Yoko Ono zur Wehr, ihre einzige Möglichkeit, die Erinnerung an Lennon am Leben zu erhalten. Wenn es diese Dinge nicht gäbe, würden die Menschen ihn schneller vergessen.

Der zeichnerische Nachlass

Wirkung

Die Lennon-Legende

Im kollektiven Gedächtnis haben John Lennon und die Beatles bis heute als Symbole einer kulturellen Aufbruchsbewegung überlebt. Dabei hatte Lennon im letzten Jahrzehnt seines Lebens nie einen Zweifel daran gelassen, dass die Beatles *seine* Band waren. Er war nicht nur das erste Gründungsmitglied, im Rollengeflecht der Gruppe galt er auch als schillerndste Figur. Während Paul McCartney mit seiner strahlenden Freundlichkeit das Image eines »idealen Schwiegersohns« kultivierte – der bösartige Scheidungskrieg mit seiner zweiten Frau Heather Mills im Jahr 2006 hat dieses Bild mittlerweile weitgehend revidiert –, war George Harrison als der »stille Beatle« bekannt: zurückhaltend und introvertiert. Ringo dagegen spielte die Rolle des »Pausenclowns«, immer lustig – wenn auch manchmal mit vordergründiger Fröhlichkeit. Lennon dagegen wurde von Anfang an als der aufsässige Intellektuelle der Band wahrgenommen.

Das begann schon in den Anfängen der Beatles: Lennon widersetzte sich mit Sarkasmus und Witz all den eingespielten Konventionen seiner Umgebung. Er wertete z. B. als einer der ersten Popstars offensiv regionale Dialekte in England auf, indem er gar nicht erst versuchte, seinen Liverpooler Akzent abzuschwächen. Er übertrieb ihn sogar noch. Bis dato war geschliffenes Oxford-Englisch die Bedingung auch für medialen Erfolg. Für John Lennon aber wurde der soziale Vordergrund wichtiger als der gesellschaftliche Hintergrund. Seine Courage, sein Mundwerk voller »spice and spleen«, zeigte sich selbst in Kleinigkeiten: Schon während der frühen Beatles-Auftritte oder den Pressekonferenzen versuchte Lennon ständig aus seiner Rolle auszubrechen, das Auftrittsritual zu unterminieren, für die Kameras zu dick aufzutragen, blöd zu grinsen, zu grimassieren – so als wolle er die Absurdität seines Tuns allen vor Augen führen.

Sein schon früh spürbarer Zorn war ohne Zweifel klassenbewusst – ein Nordengländer aus der Arbeiterklasse, der sich gegen den Konservativismus im England der Fünfziger zur

Wehr setzte. Von allen britischen Popstars erinnerte er damals am meisten an den Archetyp des »angry young man«. Er besaß in Europa die erste ehrliche weiße Rock-'n'-Roll-Stimme, jenes – wie Ian MacDonald es unüberbietbar umschrieben hat – »brassy Northern roar, flecked with bluesy moans.« (zit. n. O'Hagan 2005) Mit diesem sehnsüchtigen, auf sanfte Weise scharfen Ton konnte er Menschen in ihrem Innersten berühren. Vielleicht liegt der tiefere Grund für Lennons Fähigkeit zur emotionalen Provokation in seiner nie verleugneter Verwundbarkeit. Dies ist der eigentliche Grund für seine ungebrochene »credibility«, für seine Würde und Glaubwürdigkeit. Seine oft widersprüchliche Art zu leben wurde zu seinem wichtigsten politischen Statement.

Bono: Lennon-Verehrer und Sänger von U2

Demonstrativ hat er immer versucht, Privates und Öffentliches, Persönliches und Politisches miteinander zu versöhnen. Und doch blieb er ein problembeladener Held, der sich im Zeitalter zynischer Superstars dagegen wehrte, zur Massenware degradiert zu werden.

> »Seine wahre Stärke lag in seiner rauhen Herzlichkeit und Verletzlichkeit. Er war es, der *Help* gerufen hat. Er wagte es, seine Seele zur Schau zu stellen und er wagte es, zu versagen. Das erfordert echten Mut!« (Bono, Sänger von U2, über sein Idol Lennon; zit. n. O'Hagan 2005).

Lennon schien eine beständige, unbezähmbare Antriebskraft in sich zu spüren: Von den frühen Tagen als Rocker in Liverpool über die Beatles bis zum Feministen und bekennenden Vater in New York. Der Anthropologe und Sozialwissenschaftler Desmond Morris vermutet zu Recht die Wurzel dieser kreativen Wut in den Traumatisierungen von Lennons Kindheit: »Sein verzweifelter Drang, sich selbst zu überzeugen, dass er es doch wert war, beachtet zu werden, war offensichtlich das, was ihn weiter und weiter trieb.« (zit. n. Ono 2005, S. 170) Und so kann noch sein Solidaritätssong par excellence als Kampf um sich selbst verstanden werden. *Give*

Vgl. S. 56 *Peace A Chance*, in der letzten Nacht des »Bed-In« mit Yoko Ono 1969 in Montreal geschrieben, wurde über Nacht – nachdem Pete Seeger kurz darauf das Lied mit einer halben Million Menschen bei der Washingtoner Demonstration gegen den Vietnam-Krieg gesungen hatte – zu *der* Hymne der internationalen Friedensbewegung. Und doch war Lennons *Give Peace A Chance* nicht zuletzt ein Appell an die miteinander ringenden Dämonen in seinem eigenen Innern.

Der Mord in den Medien

Vgl. S. 7 ff. Nur eine Stunde nach seiner Ermordung am 8. Dezember 1980 begannen mehr als 5000 Menschen in der Nacht vor dem Dakota-Gebäude *Give Peace A Chance* zu singen und Lennon-Songs vom Band zu spielen – während Yoko oben in ihrem Apartment versuchte, sich auf die TV-Nachrichten zu konzentrieren. »Ich saß allein im Schlafzimmer und John sang die ganze Nacht.« (zit. n. Giles 2005, S. 61) Am nächsten Tag begann der Albtraum: Unmengen von Blumen, Briefen und Geschenken trafen ein, aber auch Mord- und Bombendrohungen. Ein Angestellter der Gerichtsmedizin verkaufte Fotos von Johns Leiche für 10000 Dollar, drei Fans von John verübten an diesem Tag Selbstmord. Yoko Ono forderte sofort in der Öffentlichkeit, mit diesem sinnlosen Tun Schluss zu machen. Sie zeigte dem kleinen Sean die Stelle, wo sein Vater erschossen wurde, der 17-jährige Julian kam zur Trauerfeier nach New York geflogen. Die Medien wurden von Nachrufen überschwemmt: »John Lennon würde den Umstand seines Todes nicht missbilligt haben, denn er hätte sich mit Sicherheit nicht vorstellen können, lange an geriatrischen Gebrechen zu leiden« (zit. n. Jackson 2005, S. 230), schrieb die ehrwürdige *Times* – nicht frei von Zynismus – am Tag nach seiner Ermordung. Musikkollegen reagierten schockiert. Chuck Berry, Urvater des Rock 'n' Roll, dem die Beatles viel verdankten, erklärte: »Als John starb, fühlte ich mich, als hätte ich einen Teil von mir selbst verloren.« Auch die schwarze Soul- und Funk-Legende James

> »Wir sind überzeugt, dass Frieden nur durch friedliche Methoden zu erreichen ist.« (John Lennon über seine *Bed-In*-Aktionen;   zit. n. Herzogenrath / Hansen 1995, S. 179)

Brown zeigte sich zutiefst deprimiert: »Ich glaube, dass es nie wieder einen wie diesen wunderbaren Brother geben wird.« (zit. n. Ono 2005, S. 23 u. S. 35)

Die Lennon-Industrie

Yoko Ono hatte nach John Lennons Tod keine leichte Aufgabe. Sie musste das Erbe eines Superstars verwalten, dessen Fans bis heute glauben, er gehöre ihnen allein: ein tragisches Missverständnis, das letztlich zu seinem Tod geführt hat. Zudem fühlte sich Yoko Ono für die Richtung verantwortlich, in die sich Lennons künstlerischer Nachruhm entwickelte. Da er in seinen letzten Interviews mehrfach betont hatte, das Nachfolgealbum zu *Double Fantasy* so gut wie fertig zu haben, wuchs bald der öffentliche Druck, das Material zu veröffentlichen. Es erschien 1984 unter dem Titel *Milk And Honey: A Heart Play*. Man darf jedoch bezweifeln, dass der in Qualitätsfragen strenge Lennon all diese Songs herausgebracht hätte. Wichtiger wurden da schon die beiden Veröffentlichungen des Jahres 1986: *Live in New York City* mit einem Konzert von 1972 und *Menlove Avenue* mit aufschlussreichen Outtakes aus den Jahren 1973/74. Einen medialen Coup konnte Yoko Ono dann 1988 landen. Unter dem Titel *The Lost Lennon Tapes* startete sie eine mehrmonatige Serie bei der kommerziellen Radio-Station Westwood One – die wöchentliche Sendung präsentierte unveröffentlichtes Material (Musik und Interviews) aus ihrem Lennon-Archiv. Zunächst sollte von dem Beatles-Historiker Mark Lewisohn ein »Best-Of«-Album aus diesem raren Material zusammengestellt werden. Nach Erscheinen der drei *Anthology*-Doppel-CDs der Beatles – die durch den Erfolg der Veröffentlichung *Live At The BBC* (1994) angeregt waren – wurde die Idee zunächst fallengelassen und in veränderter Form mit der *John Lennon Anthology* (1998) wiederaufgenommen. Obwohl schon viele der hier von Ono versammelten Live- und Demo-Versionen auf Bootlegs in Sammlerkreisen kursierten, wurde die 4-CD-Box als angemessenes Resümee von Lennons Solo-Arbeiten enthusiastisch gefeiert. Erst im Jahr 2004 erschien dann mit *John Lennon Acoustic* ein lieblos zusammengestoppeltes Album in teilweise

The Lost Lennon Tapes

miserabler Qualität, aber mit Texten und Gitarren-Akkorden. Die Demo-Aufnahmen Lennons an der akustischen Gitarre sollten vor allem junge Nachwuchsgitarristen inspirieren.

> »Wir haben ein Genie des Geistes verloren.« (Der amerikanische Schriftsteller Norman Mailer 1980 über John Lennon; zit. n. Ono 2005, S. 126)

Die Wiederveröffentlichungen »remastered and remixed« von Lennons Solo-Alben im neuen Jahrtausend brachten nur wenig Neues, ebenso wie die Compilation *The U.S. vs. John Lennon* (2006) anlässlich des gleichnamigen Films von David Leaf und John Scheinfeld. Diese Nachlasspolitik entspricht ganz dem Selbstverständnis Yoko Onos als erster Managerin der »Lennon-Industrie«. Aller Kritik an ihrer wenig inspirierten Vermächtnis-Verwaltung begegnet sie mit dem lapidaren Satz: »Ich muss sein Werk vor dem Vergessen schützen, nur so kann ich es machen.« (zit. n. Doggett 2005, S. 323)

Vgl. S. 70

Plattencover des gleichnamigen Soundtracks, 2006

Auch nach John Lennons Tod hielt der Druck auf die überlebenden Beatles an: Lange war spekuliert worden, dass sein Sohn Julian bei der in den achtziger Jahren immer wieder geforderten Beatles-Reunion (im Umfeld von »Live Aid« 1984 kamen solche Gerüchte auf) den Platz seines Vaters übernehmen könnte. Doch wie hatte George Harrison 1989 so treffend bekräftigt: »Ich bin überzeugt, es wird keine Beatles-Reunion geben, solange John Lennon tot ist.« (zit. n. Elliott 1999, S. 155)

Im Winter 1995 war es dann doch so weit: Lennon wurde aus dem Reich der Toten zurückgeholt, um mit den noch lebenden Beatles virtuell zwei neue Veröffentlichungen einzuspielen. Man mag es als billige Ausbeutung denunzieren – das Erscheinen der beiden Lennon-Songs *Free As A Bird* und *Real Love* in der Nachbearbeitung durch die drei Beatles war ein historisches Ereignis. Anfang 1994 hatte Yoko Ono die Demo-Aufnahmen McCartney auf dessen Bitte hin überlassen, nachdem John Lennon gerade postum in die Rock And Roll Hall Of Fame aufgenommen worden war. Im Rah-

men der *Anthology*-Veröffentlichungs-
aktivitäten produzierte dann Jeff Lyne
und nicht George Martin die »re-
recordings« der beiden Songs. Ringo
erklärte später zu den musikalisch mit-
telprächtigen Ergebnissen: »Es war für
uns alle traurig, weil wir drei dabei wieder so gut zusammenfanden, und da
bleibt dieses leere Loch, und das *ist*
John.« (zit. n. Elliott 1999, S. 161)
Aber hätte Lennon diese virtuelle Re-
union überhaupt gewollt? Zu Lebzeiten hatte er jedenfalls *Free As A Bird*
und *Real Love* nicht gut genug für eine
Veröffentlichung gefunden. Jetzt wurde
plötzlich eine postmodernde Präsenz

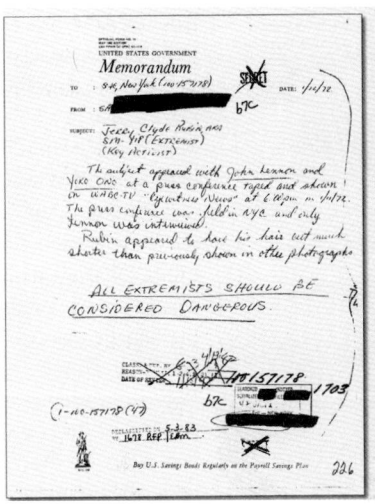

Endlich veröf-
fentlicht: Über-
wachungsproto-
kolle des FBI,
1972

Lennons in den Songs spürbar. Das Lennon-Image als Me-
dienereignis, das dadurch generiert wurde, genügte sich vollkommen selbst – die reale Abwesenheit Lennons fiel kaum
mehr ins Gewicht. Seine Anwesenheit war ja musikalisch perfekt simuliert worden. Lennon wirkte »hyperreal«: Im medialen Bild überlagern sich Kopie und Original bis zur Un-
unterscheidbarkeit. Der »zombie heaven« lässt schön grüßen!

Eine leichtfertige Liebe

Lennons universelle Anziehungskraft mit den Beatles zeigte
sich einmal mehr im Jahr 2000, als die Hitsammlung *1* mehr
als 10 Millionen Mal verkauft wurde. Selbst McCartneys Remix von *Let It Be* im Jahr 2003 brachte es auf 1,2 Millionen
verkaufte Exemplare. Das unsägliche Musical *Lennon*, das im
Sommer 2005 unter der Regie von Don Scardino auf die Bühne kam, floppte allerdings. Es war in seinem ganzen Broad-
way-Bombast nicht mehr als die peinliche »Weiterverwertung
der Lennon-Hitliste« (zit. n. Mejias 2005). Eine neue Dimen-
sion der Mythos-Verwertung wurde erreicht, als für das
Weihnachtsgeschäft des Jahres 2006 unter dem Titel *Love* ein
Album mit Remix-Versionen klassischer Beatles-Kompositionen auf den Markt kam. Für eine Revue des »Cirque du So-

Vgl. S. 61

leil« über die Fab Four im Mirage Theatre von Las Vegas (!) hatte der inzwischen fast taube George Martin mit seinem Sohn Giles einen zeitgemäß klingenden Soundtrack erstellt. Dazu hörte er alle vorhandenen Multi-Track-Aufnahmen der Beatles, also Hunderte von Tonspuren durch. Giles Martin hatte beispielsweise die Idee, das hypnotische Schlagzeugspiel von Ringo in dem Lennon-Stück *Tomorrow Never Knows* unter die Harrison-Komposition *Within You, Without You* zu mixen. Warum dann nicht auch gleich noch den Schlussteil von Lennons Meisterwerk *Strawberry Fields Forever* mit der Blaskapelle aus *Sgt. Pepper*, dem Piano-Solo aus *In My Life*, der Bach-Trompete aus *Penny Lane*, dem Cembalo-Spiel aus *Piggies* und dem Refrain von *Hello Goodbye* soundtechnisch verrühren?! In fast allen Fällen führt dieser Remix – in Wahrheit ist es ein Re-Composing – der Song-Klassiker zu »Verschlimmbesserungen« der Originale. Zugleich wird die Klangcharakteristik der Instrumente auf die Hörerwartungen eines jungen Publikums abgestimmt. Wer mit HipHop und Techno aufwächst, möchte auch in Beatles-Songs den Stampfsound des Dancefloor hören. Also wurden Bass und Schlagzeug unüberhörbar in den Vordergrund gemischt. Diesem ästhetischen Opportunismus fiel auch der Gesamtklang zum Opfer: Durch die neuen Effekte für das inzwischen marktgängige 5.1-Dolby-Surround-Format heillos überladen, hat er seine organische Qualität eingebüßt. Anstatt zu »atmen«, wirkt er synthetisch und steril. Natürlich hatten die Rechte-Inhaber Paul McCartney, Ringo Starr, Olivia Harrison und Yoko Ono dem »experimentellen« Projekt ihren Segen gegeben. John Lennon und George Harrison – er starb im November 2001 an einem Hirntumor – konnten sich nicht mehr dagegen wehren.

Vgl. S. 37, S. 92 f. u. S. 134

Rivalen – Witwen, Söhne und Freunde

Nicht immer waren Yoko Ono und Paul McCartney nach Lennons Tod so einvernehmlich miteinander umgegangen. Lange Zeit galt er als ihr Hauptgegner: »Es gab zwischenzeitlich Momente der Nähe zwischen beiden, wenn sie gemeinsam in eine Kamera lächelten, aber in der Regel waren es für beide harte Zeiten«, erklärt der Beatles-Chronist Mark Lewisohn (zit. n. Giles 2005, S. 63). Noch 1979 verglich sie in der Öffentlichkeit Lennon mit Mozart und McCartney mit Salieri, seinem als intrigant und minderbegabt geltenden Gegenspieler. Paul lud sie daraufhin 1998 nicht zur Beerdigung seiner verstorbenen Frau Linda ein. Fast möchte man glauben, dass McCartney noch immer geschockt ist, weil er am Verhandlungstisch nicht seinem alten Kumpel John in die Augen blickt, sondern Yoko Ono. Vielleicht kämpfen aber auch bei-

> »Das Großartige an John und mir ist, dass wir beide es waren, die all die tollen Lieder geschrieben haben, wir beide und sonst niemand.« (Paul McCartney über John Lennon; zit. n. Du Noyer 1999, S. 121)

de nur um ihr Vorrecht einer wahren Trauer. Schon 1982 hatte Paul McCartney seiner Erinnerung an den verlorenen Freund in dem Lied *Here Today* auf dem *Tug-Of-War*-Album Ausdruck verliehen: »Es war mein Versuch, all die Dämonen aus meinem eigenen Kopf zu vertreiben, denn es ist ganz schön hart, von jemandem wie John in aller Öffentlichkeit niedergemacht zu werden.« (zit. n. Du Noyer 1999, S. 121)

Dandy als Rockstar: Brian Ferry von *Roxy Music*

Von den zahllosen Tribute-Songs nach Lennons Tod sollen hier nur die eindringlichsten genannt werden: Paul Simon schrieb im zärtlichen Andenken das Lied *The Late Great Johnny Ace*, das Lennons Tod mit dem von J. F. Kennedy und dem des Rhythm-'n'-Blues-Sängers Johnny Ace in den Fünfzigern verknüpft. Bei George Harrisons Tribute-Song *All Those Years Ago* hatten sogar Paul und Ringo ihre Instrumente mit im Spiel. Eine respektvolle und gleichwohl schwärmerische Neuauflage von Lennons *Jealous Guy* kam im Frühjahr 1981 von Roxy Music auf den Markt. Brian Ferry

Vgl. S. 64 u. S. 104 f.

trifft in seinem *Tribute* jenen vielschichtigen Ton aus verletztem Stolz, sanfter Reue und optimistisch-neuer Selbsterfindung, der schon Lennons Song in die Nähe zu den besten Beatles-Klassikern gerückt hatte.

Man konnte die Echos von Lennons Stimme ebenso aus dem gutturalen Wimmen eines Kurt Cobain (Nirvana) heraushören wie aus der quengelnden Schärfe von Liam Gallagher, der Britpop-Band Oasis bis heute jedem Oasis-Titel einen heimlichen Beatles-Stempel aufdrückt. Der Anfang ihres Hits *Don't Look Back In Anger* war allerdings eine ganz offenkundige Verbeugung vor dem großen Idol: Das Stück beginnt mit den Piano-Eröffnungsakkorden von *Imagine*. Die Oasis-Nummer wurde wiederum von Dave Dee für das Album *Sixties Sing Nineties* gecovert: Der Kreis schließt sich, ein Zitat ist ein Zitat ist ein Zitat.

Auch andere Britpop-Bands von Primal Scream bis Travis huldigen mehr oder weniger unverblümt den musikalischen Vorleistungen der Fab Four. Bobby Gillespie von Primal Vgl. S. 61 f. Scream – die Gruppe benannte sich nach Lennons »Urschrei«-Therapie bei Arthur Janov – hat nicht nur *Gimme Some Truth* gecovert. Er bewundert an Lennon »diese zügellose instinktive Intelligenz, die in seinen Songs und in seiner Haltung wirksam ist. Er war die Reibungsfläche der Beatles, weil man sich seiner nie ganz sicher sein konnte«. (zit. n. O'Hagan 2005) Chris Martin von Coldplay schätzt nicht zuletzt LenVgl. S. 37 u. S. 92nons *Tomorrow Never Knows*: »Es ist heute einfach nicht mehr möglich, musikalisch etwas zu machen, was so übernatürlich und zugleich verrückt klingt wie dieses Stück.« Und für Billy Joe Armstrong von der Punkrock-Band Green Day repräsenVgl. S. 36 u. S. 91 f.tiert Lennons *In My Life* die Essenz des Songwriting: »Das Lied reflektiert deine Seele und das, was du hoffst, zurücklassen zu können. Es ist ein Wunderwerk.« (alle Zit. n. Giles 2005, S. 62 f.)

Am überlebensgroßen Schatten Lennons arbeiten sich bis Vgl. S. 29 heute auch beide Söhne ab. Als Julian in den achtziger Jahren selbst als Popmusiker anfing, wirkte das zunächst genetisch gespenstisch: Er sah nicht nur so aus, er sprach, sang und bewegte sich wie sein Vater. Weil Yoko Ono sich trotz lautstarker

Proteste von Cynthia Lennon Anfang der neunziger Jahre strikt weigerte, Julian ein paar Erinnerungsstücke seines Vaters zu überlassen, kaufte der sich auf Auktionen, was er kriegen konnte: z. B. für 70 000 Dollar den Afghanen-Mantel, den sein Vater auf dem Cover von *Magical Mystery Tour* trug. Noch anlässlich des 20. Todestages seines Vaters schrieb Julian auf seiner Website: »Ich war sehr böse auf meinen Vater wegen seiner Nachlässigkeit und seiner Einstellung zu Frieden und Liebe. Dieser Frieden und diese Liebe kamen nie zu mir nach Hause. […] Leider kannte ich den Mann kaum.«

1984, mit 21 Jahren, veröffentlichte Julian Lennon sein Debütalbum mit dem bezeichnenden Hit *Too Late For Goodbyes*. Doch der Erwartungsdruck war zu groß. Nach dem vierten Album *Help Yourself* zog sich Julian 1991 aus dem Popgeschäft zurück, er experimentierte stattdessen mit Malerei und Fotografie, mit Alkohol und Drogen. Erst sieben Jahre später veröffentlichte Julian sein fünftes Album mit solidem Mainstream-Pop: *Photograph Smile* – voller Anspielungen auf Beatles-Songs. *Day After Day* erinnert fatal an *Strawberry Fields Forever*, während *Way To Your Heart* als Hommage an *Lucy In The Sky With Diamonds* durchgehen könnte.

Freunde oder Konkurrenten? Die Söhne Sean und Julian

Am selben Tag des Jahres 1998, als Julian sein Platten-Comeback feierte – wer mag da an Zufall glauben –, kam auch das Debütalbum von Sean Lennon *Into The Sun* auf den Markt: ein musikalischer Flickenteppich aus Hardrock, Country, Free Jazz, Bossa Nova, Indie-Pop, durchtränkt vom Charme des Unfertigen. Doch unter der leuchtenden Neonschrift seines Nachnamens wurde es auch für Sean schwer, eine eigene Musikerpersönlichkeit zu entwickeln. Angeblich hatte seine Mutter immer versucht, ihn als Berühmtheit in der Öffentlichkeit zu etablieren: »Sie hatte die ständige Sorge, dass ich nach ihrem Tod zu einer namenlosen Waise würde. Wenn mich die Welt und die Lennon-Fans lieben würden, dann könnte ich

Vgl. S. 79 f.

nicht einfach verschwinden.« In einem Interview anlässlich des 25. Todestages von John Lennon mit dem *Newsweek*-Reporter Jeff Giles erinnerte sich Yoko, dass auch ihr Mann diese Angst geteilt habe: »Eines Nachts wachte John plötzlich auf und fing an zu weinen. Was ist los, fragte ich ihn, und er antwortete: Wenn ich vor dir sterben sollte, dann werden diese ›business bastards‹ versuchen, dich zu kriegen. Du und Sean, ihr werdet auf der Straße sitzen.« (alle Zit. n. Giles 2005, S. 61 f.) Aus dieser Vorsehung legitimiert Yoko Ono bis heute ihre Vermarktungsstrategien, auch die ihres Sohnes.

Angst vor »business bastards«

Sean Lennon veröffentlichte erst Ende des Jahres 2006, acht Jahre nach seinem Debütalbum, sein zweites, fast schon ausgereiftes Werk *Friendly Fire* – mit einem merkwürdig missverständlichen Titel, bedenkt man die tödlichen Schüsse auf seinen Vater. Doch es geht in den Songs um die Verletzungen, die sich auch Liebende manchmal zufügen. In handwerklich soliden Nummern wie *Dead Meat* oder *Parachute* demonstriert Sean, dass er das Handwerk des Songschreibens inzwischen beherrscht. »Mein Leben dreht sich ja nicht darum, berühmt zu werden, ich habe auch keinerlei Ambitionen, den Popstar zu spielen, so wie Julian.« (zit. n. Ziemer 2006, S. 24) Auch die Mütter von Julian und Sean sind zeitlebens zur Rivalität verdammt. Mit Lennons erster Frau Cynthia solidarisieren sich noch immer erheblich mehr Beatles-Fans als mit Yoko Ono, der Femme fatale und musikalischen »Heulboje«. Dabei war es die japanische Konzeptkünstlerin, die Lennon aus der sozialen Starre und kulturellen Enge des Beatles-Kreises befreit hat. Trotz ihrer bedingungslosen Liebe zu dem

> »John und Yoko verleihen der sogenannten ›Kunst-Institution‹ dieses Landes eine große Stimme und Kraft. [...] Ein Hurra für John und Yoko. Lasst sie hier bleiben, hier leben und atmen.« (Bob Dylan 1972 in einem Brief an die Regierung; zit. n. Wiener 1984, S. 237 f.)

zärtlichen Rabauken mit dem lebenslangen Mutter-Komplex spaltet sie bis heute die Öffentlichkeit. Nicht zufällig war Lennons Spitzname für sie »Mother« – schenkte sie ihm doch

Urvertrauen und umgab ihn mit jener überwältigenden emotionalen Atmosphäre, die er seit dem Verlust seiner Mutter vermisst hatte. Und doch spricht Bill Harry, langjähriger Lennon-Freund und 1961 Gründer der Liverpool-Zeitschrift *Mersey Beat*, noch immer für viele Fans, wenn er behauptet: »Die Beatles wurden in dem Moment getrennt, als Yoko ihre Klauen in John schlug – das ist eine Tatsache. Von all den Menschen, die John schon kannten, bevor sie ihn kennenlernte, wollte sie nie etwas wissen.« (zit. n. Giles 2005, S. 61) Noch in aktuellen Interviews erzählt Yoko Ono enthusiastisch über ihren Mann und oft herablassend-freudlos von den Beatles.

Lennons Ex-Frau Cynthia blickt ebenfalls kritisch auf die Beatles-Jahre zurück, obwohl sie sich nie angemaßt hatte, ihrem Mann künstlerische Inspiration zu vermitteln. Trotz aller Kränkungen konserviert sie bis heute eine emotionale Nähe zu dem Menschen John Lennon. Der hatte sie bei ihrer Scheidung mit einer schmählichen Einmalzahlung von 180 000 Dollar abgespeist und für Julian lediglich einen Treuhandfonds über 100 000 Dollar eingerichtet – Lennons Tragik hatte darin bestanden, Julian nie ein guter Vater gewesen zu sein. (Inzwischen hat Julian sich sein Millionenerbe gerichtlich erstritten.) In ihrer bisweilen larmoyanten Autobiographie *John* resümiert Cynthia Lennon am Ende: »Vor kurzem fragte mich jemand, ob ich das alles auch mitgemacht hätte, wenn ich von Anfang an gewusst hätte, was vor mir lag. Ich musste antworten: Nein. Natürlich werde ich es nie bedauern, einen so wundervollen Sohn zu haben. Aber die Wahrheit ist: Wenn ich als Teenager gewusst hätte, wohin das führen würde, als ich mich in John Lennon verliebte, dann hätte ich kehrtgemacht und wäre davongelaufen.« (C. Lennon 2005, S. 371 f.)

Vgl. S. 29

Zeichen der Unsterblichkeit

Am 21. März 1984 weihte der New Yorker Bürgermeister Ed Koch, ein erklärter Lennon-Fan, im Central Park ein dreieckiges Stückchen Land, das Yoko für eine Million Dollar von der Stadt erworben hatte, offiziell als *Strawberry Fields* ein. Das runde Mosaik darin mit der Inschrift *Imagine* – kurioser-

weise ein Geschenk der Stadt Neapel – ist noch heute ein Ge-
denkplatz, an dem täglich Fans ihre Trauerbotschaften hinter-
lassen: »John, we miss you!«

Und doch stellt sich die Frage: Ist Lennon längst im Mythos
entrückt oder im kollektiven Bewusstsein der heutigen Jugend noch eine präsente Figur? In einer 2005 veröffentlichen
Umfrage des *Observer* konnten 56 Prozent musikbegeisterter
Jugendlicher zwischen 16 und 24 Jahren einem John-Lennon-
Foto keinen Namen mehr zuordnen. Doch immer wieder,
wie in Wellenbewegungen des historischen Gedächtnisses,
scheinen sich Heranwachsende an Lennon als den »coolsten
Typen der Welt« zu erinnern. Er hatte ja die Punk-Explosion
noch erlebt, war aber von ihr unbeeindruckt geblieben: Mit
solch leidenschaftlicher Wut habe er schon im »Cavern Club«
oder in Hamburg 20 Jahre zuvor gesungen!

Lennon-Ver-
ehrerin: Sinéad
O'Connor

Zugleich hatte Lennon erstmals mit dem Pop-Politik-
Dilemma existentiell zu kämpfen, mit der vertrack-
ten Grenze zwischen Berühmtheit und Straßen-
Glaubwürdigkeit (»street credibility«): Von Rebellion
und Ungerechtigkeit singen, aber selbst einen luxuriösen Lebensstil pflegen! Er wusste um das dialekti-
sche Verhältnis: Sein immenser Reichtum reduzierte
den Wert seiner Gesten, doch ohne seinen Ruhm
wären diese Gesten gar nicht wahrgenommen worden. Lennon verkörperte das Pop-Paradox vom frühen Protest-Dylan

Bob Geldof

bis zur philanthropischen Strategie Bob Geldofs bei »Live
Aid«. Geldof, Sänger der Boomtown Rats, wurde – dem Lennon der frühen New Yorker Jahre nicht unähnlich – in den
achtziger Jahren zu jenem politischen Grenzgänger, der die
Trennung von Pop und Politik in der Praxis symbolischer Politik durch solidarisierende Konzertereignisse aufzuheben

»Lennon war in mehrfacher Hinsicht der erste moderne Pop
Star. Er besaß die Wut und den Drive des Versagers, des Out-
siders – Schlüsselelemente in der Bestimmung von Pop der
letzten fünfzig Jahre.« (Der Punk-Historiker und Jugendkultur-
Forscher Jon Savage; zit. n. O'Hagan 2005)

Wirkung

suchte. Auch hatte er ähnlich wie »LennOno« die Vision, durch Spendeneinsammeln die Welt zu verändern. Selbst bei Geldof stellte sich immer wieder die Frage: Können sich die Selbstbezüglichkeit und der Egoismus von Berühmtheit mit genuinem politischen Idealismus vertragen?

Mosaik der Erinnerung: auf den Strawberry Fields im New Yorker Central Park

Der politische Lennon hat sein Bestes gegeben und verzweifelter als alle seine Nachahmer darum gekämpft, die Widersprüchlichkeit seines Lebens aufzulösen. Ob man in ihm nun einen Heiligen oder einen Sünder sieht, einen blauäugigen Träumer oder verbohrten Linken – als emotionaler Provokateur par excellence verkörperte er die besten Momente einer vom Aufbruch beseelten Nachkriegsjugend. Vielleicht hat die irische Popsängerin Sinéad O'Connor Lennons singuläre Bedeutung am treffendsten resümiert, als sie anlässlich seines 25. Todestags stellvertretend für die weltweite Fan-Gemeinde formulierte: »Wir liebten natürlich die Beatles, aber am meisten liebten wir John, gerade wegen all der verrückten Dinge, die er machte – wie er immer wieder versuchte, den Himmel für sich aufzureißen. Er war der Beatle mit dem größten Sex-Appeal, der größten Wut und den meisten Ecken und Kanten. Er hat nie versucht, seinen Ruhm finanziell auszubeuten und ›everybody's darling‹ zu sein. Für mich lag seine Kraft vor allem darin, dass er bis zuletzt authentisch war.« (zit. n. Giles 2005, S. 60 f.) John Lennon war zeitlebens nie der Mensch, der er eigentlich sein wollte. Aber er hat immer darum gekämpft, sich selbst zu finden.

Anhang

Zeittafel

1940 9. Oktober: Geburt von John Winston Lennon als Sohn von Julia und Alfred Lennon.

1946 März: Ständiges Zuhause bei Julias Schwester Mimi im »Mendips«-Haus.

1952 September: Einschulung in die Quarry Bank High School.

1956 Lennon hört Elvis Presleys *Heartbreak Hotel* im Radio.

1957 März: Gründung der Skiffle-Gruppe The Quarry Men. – 6. Juli: Auftritt beim Gemeindefest der St. Peter's Church, Bekanntschaft mit Paul McCartney. – September: Aufnahme in das »Liverpool College of Art«. – 7. Dezember: Bekanntschaft mit George Harrison.

1958 15. Juli: Tödlicher Verkehrsunfall von Julia Lennon.

1960 20. Mai: The Silver Beetles auf Schottland-Tournee. – 17. August: Erster Auftritt als The Beatles im »Indra«, Hamburg.

1961 9. Februar: Debüt im »Cavern Club«. – Ende März: Rückkehr nach Hamburg. – 22./23. Juni: Schallplattenaufnahmen mit Tony Sheridan. – Dezember: Brian Epstein wird Manager der Beatles.

1962 1. Januar: Vorspiel im Decca-Studio, London. – 10. April: Tod von Lennons Freund und Ex-Beatles-Bassist Stuart Sutcliffe in Hamburg. – 13. April: Debüt im »Star Club«, Hamburg. – 6. Juni: Probeaufnahmen mit George Martin in den Abbey Road Studios von EMI, London. – 18. August: Pete Best muss gehen, Ringo Starr wird neuer Schlagzeuger der Beatles. – 23. August: Heirat mit Cynthia Powell. – 18. bis 31. Dezember: Letzte Konzerte im »Star Club«.

1963 11. Januar: Nr. 1-Hit *Please Please Me*. – 11. Februar: Aufnahme des gleichnamigen Debüt-Albums. – 8. April: Geburt von John Charles Julian Lennon. – 3. August: 292. und letzter Beatles-Auftritt im »Cavern«. – 23. August: Single *She Loves You*. – 14. Oktober: »Beatlemania«-Schlagzeile im *Daily Mirror*. – 4. November: »Royal Command Variety Performance« mit Johns berühmtem Kommentar.

1964 17. Januar: *I Want To Hold Your Hand* Nr. 1-Hit in den USA. – 9. Februar: Auftritt in der »Ed Sullivan Show« vor 73 Millionen Fernsehzuschauern. – 18. Februar: Besuch bei Muhammad Ali. – 23. März: Publikation *In His Own Write*. – 21. Mai: *Komm gib mir deine Hand* und *Sie liebt dich*. – 6. Juli: Premiere des Films *A Hard Day's Night*. – 10. Juni: Das gleichnamige Album erscheint. – 15. Juli: Kauf des Kenwood-Hauses in Weybridge. – 19. August: Beginn der Amerika-Tournee der Beatles. – 28. August: Treffen mit Bob Dylan, erste Bekanntschaft der Beatles mit Marihuana. – 18. Oktober: Aufnahme von *I Feel Fine* mit dem ersten Gitarren-Feedback der Musikgeschichte. – 4. Dezember: Album *Beatles For Sale*.

1965 22. Februar: Drehbeginn *Help!*. – 24. Juni: Publikation *A Spaniard In The Works*. – 6. August: Album *Help!*. – 15. August: 56 000 Fans beim Beatles-Konzert im New Yorker Shea Stadium – 27. August: Ernüchterndes Treffen mit Elvis Presley. – 12. Oktober: Aufnahmesession für *Rubber Soul*. – 26. Oktober: Ordensverleihung »Member Of The British Empire«. – 31. Dezember: Freddie-Lennon-Single *That's My Life*.

1966 4. März: Lennons »Jesus-Interview« erscheint. – 1. Mai: Letztes Beatles-Konzert in England. – 24. bis 26. Juni: »Bravo-Beatles-Blitztournee«. – Ende Juli: Verbrennung von Beatles-Platten in den USA. – 5. August: Album *Revolver*. – 12. August: Lennon entschuldigt sich für »Jesus-Äußerungen«. – 29. August: Letztes offizielles Beatles-Konzert im Candlestick Park, San Francisco. – 6. September: Dreharbeiten zu *How I Won The War* – 9. November: Bekanntschaft mit Yoko Ono in der »Indica Gallery«, London. – 24. November: Aufnahme von *Strawberry Fields Forever*.

1967 30. März: Aufnahme des Cover-Fotos für *Sgt. Pepper*. – 1. Juni: Album *Sgt. Pepper's Lonely Hearts Club Band*. – 25. XXXX: TV-Satellitenübertragung von *All You Need Is Love*. – 25. August: Besuch beim Maharishi Mahesh Yogi in Bangor, Wales. – 27. August: Brian Epstein wird tot aufgefunden. – 5. September: Aufnahme von *I Am The Walrus*. – 26. Dezember: BBC-Ausstrahlung des Films *Magical Mystery Tour*.

1968 16. Februar: Meditationskurs beim Maharishi in Rishikesh, Indien. – 3. April: Offizieller Start der Beatles-Firma

Apple. – 19. Mai: Einladung von Yoko nach Kenwood, gemeinsame Aufnahmen für *Two Virgins*. – 30. Mai: Sessions für das »Weiße Album« der Beatles. – 1. Juli: Eröffnung der Kunstausstellung *You Are Here*. – 17. Juli: Premiere des Zeichentrickfilms *Yellow Submarine*. – August: Experimentalfilme von John und Yoko. – 18. Oktober: Verhaftung von John und Yoko nach einer Razzia wegen Cannabis-Besitzes. – 8. November: Scheidung von Cynthia Lennon. – 28. November: Avantgarde-Album *Unfinished Music No. 1: Two Virgins* mit Nacktfotos von John und Yoko.

1969 2. Januar: *Get-Back*-Projekt in den Twickenham Film Studios. – 30. Januar: Letzter Beatles-Auftritt auf dem Dach des Apple-Gebäudes. – 2. Februar: Scheidung Yoko Onos von Tony Cox. – 20. März: Heirat von John und Yoko auf Gibraltar. – 25. März: Erstes *Bed-In* in Amsterdam. – 22. April: Namensänderung in John Winston Ono Lennon. – 4. Mai: Kauf von Tittenhurst Park. – 8. Mai: Allen Klein wird neuer Beatles-Manager, gegen den Willen McCartneys. – 1. Juni: Aufnahme von *Give Peace A Chance*. – 13. September: Plastic Ono Band beim Rock-'n'-Roll-Revival-Konzert, Toronto. – 26. September: Das Album *Abbey Road* erscheint. – 25. November: Rückgabe des M.-B.-E.-Ordens. – 16. Dezember: Aktion *War Is Over*.

1970 Januar: Ausstellung *Bag One*. Beschlagnahmung einiger Lithographien. – 6. März: Letzte Beatles-Single *Let It Be* erscheint. – 10. April: McCartney gibt die Auflösung der Beatles bekannt. – 30. April: »Urschrei«-Therapie bei Arthur Janov in Los Angeles. – 8. Mai: Beatles-Album *Let It Be*. – 26. September: Aufnahmen für *John Lennon/Plastic Ono Band*. – 8. Dezember: Interview mit der Zeitschrift *Rolling Stone*.

1971 23. April: Gerichtsvorladung wegen angeblicher Entführung von Onos Tochter Kyoko auf Mallorca. – 6. Juni: Konzert mit Mothers Of Invention, Fillmore East. – 24. Juni: Aufnahmen für *Imagine*-Album – 3. September: Endgültige Übersiedlung nach New York. – 16. Oktober: Wohnung im Greenwich Village. – 10. Dezember: Auftritt beim John-Sinclair-Benefiz-Konzert.

1972 14. bis 18. Februar: John und Yoko als TV-Moderatoren in der »Mike Douglas Show«. – 29. Februar: USA-Visa laufen ab. – 16. März: Beginn des vierjährigen Kampfes gegen die Abschiebung. – 11. Mai: Offenlegung der FBI-Verfolgung im Fernsehen. – 12. Juni: Album *Some Time In New York City*. – 30. August: Konzert der Elephants Memory Band im Madison Square Garden. – 23. Dezember: Film *Imagine* im US-Fernsehen.

1973 23. März: Aufforderung zum Verlassen der USA, offizieller Widerspruch. – 1. April: Ausrufung von NUTOPIA. – Mai: Umzug ins Dakota-Gebäude. – Oktober: Beginn des »lost weekend«. – 17. Oktober: *Rock-'n'-Roll*-Sessions in Los Angeles. – 23. Oktober: US-Regierung wegen illegaler Abhöraktionen verklagt. – 16. November: Album *Mind Games*.

1974 12. März: Ruhestörung im »Troubadour Club«, West Hollywood. – 31. März: Jam-Session mit McCartney in Santa Monica. – 17. Juli: Erneuter Ausweisungsbeschluss und Widerspruch. – 4. Oktober: Album *Walls And Bridges*. – 28. November: Lennons letztes öffentliches Konzert.

1975 9. Januar: Offizielles Ende der Geschäftsverbindung der Beatles. – 31. Januar: Rückkehr zu Yoko Ono. – 21. Februar: Album *Rock 'n' Roll*. – 9. Oktober: Geburt von Sean Tara Ono Lennon.

1976 6. Februar: Ende des Plattenvertrags mit EMI / Capitol. – 1. April: Tod von Alfred Lennon – 27. Juli: Erteilung der Green Card.

1977 6. Mai: Live-Album *The Beatles At The Hollywood Bowl*. – Juni: Beginn einer viermonatigen Reise nach Japan.

1978 März: »Home recordings«. – Juni: Ankündigung des Musicals *The Ballad Of John And Yoko*.

1979 27. Mai: Öffentlicher Liebesbrief. – 21. September: UNO-Generalsekretär Kurt Waldheim bittet um Beatles-Reunion.

1980 Februar: Urlaub in Palm Beach. – 4. Juni: Segeltour zu den Bermudas. – Juni: Demo-Aufnahmen für *Double Fantasy*. – 4. August: Zurück im Studio. – September: Mammut-Interview mit der Zeitschrift *Playboy*. – 17. November: *Double Fantasy* erscheint. – 8. Dezember: Mark Chapman ermordet John Lennon.

Bibliographie

Schriften von John Lennon

In His Own Write. London 1964; dt.: *In seiner eigenen Schreibe*. Genf
1965

A Spaniard In The Works. London 1965; dt.: *Ein Spanier macht noch
keinen Sommer*. Genf 1966

Skywriting By Word Of Mouth. London 1986; dt.: *Zwei Jungfrauen
oder Wahnsinnig in Dänemark. Werke aus dem Nachlaß*. Düsseldorf
1996

Real Love: The Drawings For Sean. London 1999; dt.: *Real love. Bilder für Sean*. Reinbek bei Hamburg 2000

Einleitung von John Lennon in:
Ono, Yoko: *Grapefruit*. New York 2000

Bibliographien, Diskographien und Verzeichnisse

Nachschlagewerke aller Art zu den Beatles und John Lennon füllen
heute Bibliotheken. Sie reichen von akribisch geführten Tag-Für-Tag-
Chronologien bis zu kompletten Nummern-Listen aller veröffentlichten Schallplatten. Alle hier aufgeführten Publikationen zeichnen
sich durch fachkundige Kommentare zu Leben und Werk aus. Hervorzuheben sind die sorgfältigen Arbeiten des Beatles-Chronisten
Mark Lewisohn sowie die Hintergrundinformationen zu den einzelnen Songs in den Werken von Peter Doggett, Paul Du Noyer und Steve
Turner.

Badman, Keith: *The Beatles. Off the Record*. London 2000
Badman, Keith: *The Beatles Diary, Vol. 2. After The Break-Up, 1970-
2001*. London 2001
Blaney, John: *John Lennon. Listen To This Book*. Guildford 2005
Doggett, Peter: *The Art & Music Of John Lennon*. London 2005
Du Noyer, Paul: *John Lennon. Whatever Gets You Through The Night*.
New York 1999
Harry, Bill: *The Ultimate Beatles Encyclopedia*. London 1992
Harry, Bill: *The John Lennon Encyclopedia*. London 2000
Lewisohn, Mark: *The Complete Beatles Recording Sessions*. London
1988
Lewisohn, Mark: *The Complete Beatles Chronicle*. London 1996
Miles, Barry: *The Beatles. A Diary*. London 2002

Robertson, John: *The Art And Music Of John Lennon.* London 1990
Turner, Steve: *A Hard Day's Write.* Zürich 1994
Winn, John C.: *Lifting Latches. The Beatles' Recorded Legacy, Vol. 3. Inside The Beatles Vaults.* Sharon 2005

Biographien, Monographien, Studien

Aus der Fülle der Publikationen sind hier vor allem die Standardwerke von Ray Coleman, Philip Norman, Bob Spitz und John Wiener hervorzuheben. Die überzeugendste Charakterstudie von John Lennon dürfte Anthony Elliott vorgelegt haben. Die wichtigsten Interviews wurden von Jann S. Wenner und David Sheff geführt. Elizabeth Thomson und David Gutman haben eines der anregendsten Lesebücher zu John Lennon vorgelegt. Von den in deutscher Sprache vorliegenden Veröffentlichungen ist besonders die unerschöpfliche Fundgrube der Beatles-*Anthology* zu nennen.

Englischsprachige Literatur

Andreas, Robert (Hrsg.): *Remembering John Lennon. 25 Years Later.* (ohne Ort) 2005
Barrow, Tony: *John, Paul, George, Ringo & Me.* London 2005
Best, Pete / Harry, Bill: The *Best Years Of The Beatles.* London 1997
Clayson, Alan: *John Lennon.* London 2003
Elliott, Anthony: *The Mourning Of John Lennon.* London 1999
Giuliano, Geoffrey: *Lennon In America, 1971-1980.* London 2001
Giuliano, Geoffrey / Giuliano, Avalon: *Revolver. The Secret History Of The Beatles.* London 2005
Goldman, Albert: *The Lives Of John Lennon.* London 1988
Herzogenrath, Wulf / Hansen, Dorothee: *John Lennon. Drawings, Performances, Films.* London 1995
Howlett, Kevin / Lewisohn, Mark: *In My Life. John Lennon Remembered.* London 1990
Hunt, Chris (Hrsg.): *Lennon. The Life, The Legend, The Legacy. 25th Anniversary Issue.* (Nummer 7 der Zeitschrift *UNCUT Legends*.) London 2005
Jackson, John Wyse: *We All Want To Change The World.* London 2005
Jones, Jack: *Let Me Take You Down.* London 1993
Kane, Larry: *Lennon Revealed.* Philadelphia 2005
Kozinn, Allan: *The Beatles.* London 1995
Norman, Philip: *Shout! The True Story Of The Beatles.* London 1981

Seaman, Frederic: *John Lennon. Living On Borrowed Time.* London 1991

Sheff, David: *Last Interview. All We Are Saying. John Lennon & Yoko Ono.* London 2001

Spitz, Bob: *The Beatles. The Biography.* New York 2005

Strongman, Phil / Parker, Alan: *John Lennon & The FBI Files.* London 2003

Thomson, Elizabeth / Gutman, David: *The Lennon Companion.* Cambridge / MA 2004

Wiener, Jon: *Come Together. John Lennon In His Time.* New York 1984

Wiener, Jon: *Gimme Some Truth. The John Lennon FBI Files.* Berkeley 1999

Deutschsprachige bzw. ins Deutsche übersetzte Literatur

The Beatles: *Anthology.* München 2000

Coleman, Ray: *John W. Lennon. Eine Biographie.* Höfen 2000

Davies, Hunter: *The Beatles. A Hard Day's Night.* Andrä-Wördern 1994

Gruen, Bob: *John Lennon. Die Jahre in New York.* Berlin 2005

Heidkamp, Konrad: *John Lennon.* Berlin 2007

Henke, James: *John Lennon. Die Legende.* München 2003

Hertsgaard, Mark: *The Beatles. Die Geschichte ihrer Musik.* München 1995

Lennon, Cynthia: *John.* München 2005

MacDonald, Ian: *The Beatles. Das Song-Lexikon.* Kassel 2000

Martin, George / Pearson, William: *Summer of Love. Wie Sgt. Pepper entstand.* Berlin 1997

Moers, Rainer u. a.: *Die Beatles. Geschichte und Chronologie.* Hamburg 2000

Ono, Yoko (Hrsg.): *Erinnerungen an John Lennon.* Berlin 2005

Posener, Alan: *John Lennon.* Reinbek bei Hamburg 2005

Ullrich, Corinne: *John Lennon.* München 2000

Voormann, Klaus: *Warum spielst du »Imagine« nicht auf dem weißen Klavier, John.* München 2003

Wenner, Jann S.: *John Lennon und die Beatles. Das legendäre »Rolling-Stone«-Interview »Lennon Remembers«.* Höfen 2002

Musikgeschichtliches und soziologisches Umfeld
Bucher, Willi / Pohl, Klaus: *Schock und Schöpfung. Jugendästhetik im 20. Jahrhundert.* Darmstadt / Neuwied 1986
Büttner, Jean-Martin: *Sänger, Songs und triebhafte Rede.* Basel / Frankfurt / M. 1997
Fascher, Horst: *Let The Good Times Roll!* Frankfurt / M. 2006
Fine, Jason: *Harrison.* Zürich 2002
Geuen, Heinz / Rappe, Michael (Hrsg.): *Pop & Mythos.* Schliengen 2001
Kemper, Peter u. a. (Hrsg.): *»Alles so schön bunt hier.« Die Geschichte der Popkultur von den Fünfzigern bis heute.* Stuttgart 1999
Kemper, Peter (Hrsg.): *Rock-Klassiker.* 3 Bde. Stuttgart 2003
Laughey, Dan: *Music And Youth Culture.* Edinburgh 2006
Matheja, Bernd: *1000 Nadelstiche. Biographien, Discographien, Cover & Photos.* Hambergen 2000
McCartney, Linda: *Die 60er Jahre. Porträt einer Ära.* München / Paris / London 1993
Miles, Barry: *McCartney. Many Years From Now.* Reinbek bei Hamburg 1998
SPoKK (Hrsg.): *Kursbuch Jugendkultur. Stile, Szenen und Identitäten vor der Jahrtausendwende.* Mannheim 1997
Starr, Ringo: *Postcards From The Boys.* Berlin 2005
White, Timothy: *Rock Lives. Profiles And Interviews.* New York 1990
Wicke, Peter: *Von Mozart zu Madonna. Eine Kulturgeschichte der Popmusik.* Leipzig 1998

Aufsätze, Essays, Artikel, Lexikoneinträge
Karl Heinz Bohrer: *»Yesterday. John Lennon, Liverpool und eine englische Epoche«.* In: Frankfurter Allgemeine Zeitung (12. Dezember 1980). S. 26
Giles, Jeff: *»Lennon Lives«.* In: Newsweek (28. November 2005). S. 59-64
Hofacker, Ernst: *»Die Ballade von John Ono.«* In: Good Times (2005). H. 6. S. 8-13
Mejias, Jordan: *»Sag mir, wo die Gänseblümchen sind«.* In: Frankfurter Allgemeine Zeitung (19. August 2005). S. 33
O'Hagan, Sean: *»Why Lennon Lives On«.* In: Observer (14. August 2005). S. 2 (Review)
Schmidt-Joos, Siegfried: *»John Lennon. Glück ist ein warmes Schieß-*

eisen«. In: Idole 2. Hrsg. von Siegfried Schmidt-Joos. Frankfurt / Berlin / Wien 1984. S. 11-72

Scholz, Martin: *»Unser Lennon. Erinnerungen an eine Legende«.* In: Frankfurter Rundschau (3. Dezember 2005). S. 2-6 (FR Magazin)

Wondratscheck, Wolf: *»Hello, Goodbye. Zum Tod von John Lennon«.* In: Der Spiegel (1980) H. 51. S. 166

Ziemer, Jürgen: *»Sean Lennon über Liebe Freundschaft und Ruhm«.* In: Rolling Stone (deutsche Ausgabe) (2006). H. 11. S. 24

(Alle Zitate aus englischsprachigen Werken wurden vom Autor ins Deutsche übersetzt.)

Die wichtigsten Internet-Auftritte zu John Lennon

www.johnlennon.com: Die offizielle Website. Wird ständig mit aktuellen Informationen zu Leben und Werk gepflegt.

www.lennono.com: Deutschsprachige Fansite mit sachlichen Neuigkeiten.

www.john-lennon.de: Deutsche Fansite zum Stöbern mit Songtexten und Tabulaturen.

www.beatles.com: Die offizielle Website der Fab Four – unverzichtbar!

www.ex-beatles.de: Online-Führer von Ansgar Bellersen durch das Beatles-Universum, wird laufend aktualisiert.

Diskographie

The Beatles

Please Please Me (1963) – *With The Beatles* (1963) – *A Hard Day's Night* (1964) – *Beatles For Sale* (1964) – *Help!* (1965) – *Rubber Soul* (1965) – *Revolver* (1966) – *Sgt. Pepper's Lonely Hearts Club Band* (1967) – *Magical Mystery Tour* (1967) – *The Beatles – Das Weiße Album* (1968) – *Yellow Submarine* (1969 / 1999) – *Abbey Road* (1969) – *Let It Be* (1970) – *The Beatles 1962-1966 – Das Rote Album* (1973) – *The Beatles 1967-1970 – Das Blaue Album* (1973) – *The Beatles At The Hollywood Bowl* (1977) – *Live At The Star Club, Germany 1962* (1977) – *The Complete Silver Beatles* (1982) – *Past Masters Vol. 1* (1988) – *Past Masters Vol. 2* (1988) – *Live At The BBC* (1994) – *Anthology 1* (1995) – *Anthology 2* (1996) – *Anthology 3* (1996) – *1 The Beatles* (2000) – *Let It Be ... Naked* (2003) – *The Capitol Albums Vol. 1* (2004) – *The First U.S. Visit DVD-Album* (2004) – *The Capitol Albums Vol. 2* (2006) – *Love* (2006)

John Lennon

Unfinished Music No. 1: Two Virgins (1968) – *Unfinished Music No. 2: Life With The Lions* (1969) – *The Wedding Album* (1969) – *Live Peace In Toronto* (1969) – *John Lennon / Plastic Ono Band* (1970) – *Imagine* (1971) – *Some Time In New York City* (1972) – *Mind Games* (1973) – *Walls And Bridges* (1974) – *Roots* (1975) – *Rock'n'Roll* (1975) – *Shaved Fish* (1975) – *Double Fantasy* (1980) – *John Lennon Box* (1981) – *John Lennon Collection* (1982) – *Heart Play (An Unfinished Dialogue)* (1983) – *Reflections And Poetry* (1984) – *Milk And Honey* (1984) – *Live In New York City [1972]* (1986) – *Menlove Avenue* (1986) – *Imagine – Original Soundtrack* (1988) – *Lennon 4-CD-Box* (1990) – *John And Yoko – The Interview* (1990) – *Testimony – Interviews* (1990) – *Lennon Legend* (1997) – *In My Life – Interview* (1998) – *Anthology 4-CD-Box* (1998) – *Wonsaponatime* (1998) – *Bedism* (1999) – *We Are All Together – Interview 1969* (2000) – *The Legends Collection* (2001) – *Acoustic* (2004) – *Peace, Love & Truth* (2005) – *Working Class Hero – The Definitive Lennon* (2005) – *The U.S. vs. John Lennon* (2006)

Personenregister

Werkregister

Es wurden Arbeiten von Lennon / McCartney, Lennon / Ono und John Lennon solo aufgenommen. Wenn nicht anders gekennzeichnet, handelt es sich um Songs.

Bildnachweis

Apple Corps Ltd., London: 54; David Bailey, Nashville: 51; Corbis, Düsseldorf: 13 unten; Getty images, München: 13 oben, 32, 33, 59, 77, 99, 121, 135; Bob Gruen, New York: 3, 69, 74, 102, 108; K&K Ulf Krüger oHG, Hamburg (Fotos: Astrid Kirchherr): 7, 26; Picture-alliance, Frankfurt am Main: 86; Picture Press, Hamburg (Terence Spencer / Camera Press): 90; Redferns Music Picture Library, London: 15 (M. Haywood Archives), 17 (Michael Ochs Archives), 64 (Tom Hanley), 127 (Tabatha Fireman), 133 (Tony Buckingham); StudioX, Limours: 139 (David Le Franc / Gamma); Ullstein Bild, Berlin: 21, 40, 46

Umschlagfoto: K&K Ulf Krüger oHG, Hamburg. Foto: Astrid Kirchherr. Das Zitat auf der Umschlagrückseite stammt aus John Lennons Song *Beautiful Boy* vom Album *Double Fantasy* (1980).

Alle übrigen Abbildungen stammen aus dem Archiv des Autors und des Suhrkamp Verlags.